IPA-IAO

Forschung und Praxis

Band 99

Berichte aus dem
Fraunhofer-Institut für Produktionstechnik
und Automatisierung (IPA), Stuttgart,
Fraunhofer-Institut für Arbeitswirtschaft
und Organisation (IAO), Stuttgart, und
Institut für Industrielle Fertigung und
Fabrikbetrieb der Universität Stuttgart

Herausgeber: H. J. Warnecke und H.-J. Bullinger

Gerhard Rigoll

Maschinelle Spracherkennung zur Verbesserung der Mensch-Maschine-Schnittstelle

Mit 55 Abbildungen

Springer-Verlag
Berlin Heidelberg New York Tokyo 1986

Dipl.-Ing. Gerhard Rigoll

Fraunhofer-Institut für Arbeitswirtschaft und Organisation (IAO), Stuttgart

Dr.-Ing. H. J. Warnecke

o. Professor an der Universität Stuttgart
Fraunhofer-Institut für Produktionstechnik und Automatisierung (IPA), Stuttgart

Dr.-Ing. habil. H.-J. Bullinger

o. Professor an der Universität Stuttgart
Fraunhofer-Institut für Arbeitswirtschaft und Organisation (IAO), Stuttgart

D 93

ISBN-13:978-3-540-17350-2 e-ISBN-13:978-3-642-82975-8
DOI: 10.1007/978-3-642-82975-8

Gesamtherstellung: Copydruck GmbH, Heimsheim
2362/3020—543210

GELEITWORT DES HERAUSGEBERS

Die Umformtechnik zeichnet sich durch sehr gute Werkstoffauswertung und hohe Mengenleistung in der Serienfertigung gegenüber anderen Fertigungsverfahren aus, wobei Beibehaltung der Masse, Änderung der Festigkeitseigenschaften während eines Vorgangs und elastische Rückfederung der Werkstücke nach einem Vorgang wesentliche Merkmale sind. Weiter sind die benötigten Kräfte, Arbeiten und Leistungen sehr viel größer als z.B. bei spanenden Verfahren. Die sichere Beherrschung eines Verfahrens in der industriellen Fertigung und die zunehmende Forderung nach Vermeidung bzw. Minimierung spanender Nacharbeit erzwingen die geschlossene Betrachtung des Systems "Umformende Fertigung" unter zentraler Berücksichtigung plastizitätstheoretischer, werkstoffkundlicher und tribologischer Grundlagen.

Das Institut für Umformtechnik der Universität Stuttgart stellt entsprechend Forschung und Entwicklung zum einen auf die Erarbeitung von Grundlagenwissen in diesen Bereichen ab, zum anderen untersucht und entwickelt es Verfahren unter Anwendung spezieller Meßtechniken mit dem Ziel einer genauen quantitativen Ermittlung des Einflusses der Parameter von Vorgang, Werkstoff, Werkzeug und Maschine. Die Behandlung von Problemen des Maschinenverhaltens, der Maschinenkonstruktion sowie der Werkzeugauslegung und -beanspruchung, der Auswahl hochbeanspruchbarer, verschleißfester Werkzeugbaustoffe und schließlich der Tribologie gehört entsprechend ebenfalls zum Arbeitsgebiet, das durch die Erfassung organisatorischer und betriebswirtschaftlicher Fragen abgerundet wird.

Im Rahmen der "Berichte aus dem Institut für Umformtechnik" erscheinen in zwangloser Folge jährlich mehrere Bände, in denen über einzelne Themen ausführlich berichtet wird. Dabei handelt es sich vornehmlich um Abschlußberichte von Forschungsvorhaben, Dissertationen, aber gelegentlich auch um andere Texte. Diese Berichte sollen den in der Praxis stehenden Ingenieuren und Wissenschaftlern zur Weiterbildung dienen und eine Hilfe bei der Lösung umformtechnischer Aufgaben sein. Für die Studierenden bieten sie die Möglichkeit zur Vertiefung der Kenntnisse. Die seit zwei Jahrzehnten bewährte freundschaftliche Zusammenarbeit mit dem Springer-Verlag sehe ich als beste Voraussetzung für das Gelingen dieses Vorhabens an.

Kurt Lange

Vorwort

Die vorliegende Arbeit entstand während meiner Tätigkeit in der Forschungsgruppe "Künstliche Intelligenz und Sprachverarbeitung" am Fraunhofer-Institut für Arbeitswirtschaft und Organisation (IAO) in Stuttgart.

Herrn Professor Dr.-Ing. habil. H.-J. Bullinger, dem Direktor des Fraunhofer-Instituts für Arbeitswirtschaft und Organisation (IAO) und Leiter des Lehrstuhls für Arbeitswissenschaft am Institut für Industrielle Fertigung und Fabrikbetrieb (IFF) der Universität Stuttgart, danke ich herzlich für die großzügige Förderung der Arbeit und die zahlreichen Verbesserungsvorschläge.

Mein weiterer Dank gilt Herrn Professor Dr.-Ing. G. Pritschow, dem Direktor des Instituts für Steuerungstechnik der Werkzeugmaschinen und Fertigungseinrichtungen an der Universität Stuttgart, für die Übernahme des Mitberichts, der eingehenden Durchsicht der Arbeit und die sich daraus ergebenden Verbesserungsvorschläge.

Weiterhin möchte ich mich bei allen Kollegen der Forschungsgruppe "Künstliche Intelligenz und Sprachverarbeitung" sowie den Mitarbeitern des Zeichenbüros für ihre Hilfe bedanken. Dem Leiter der Abteilung "Neue Informations- und Kommunikationssysteme" am IAO, Herrn Dipl.-Math. K.-P. Fähnrich, danke ich dafür, daß er mir die Forschungsarbeiten auf dem Gebiet "Sprachverarbeitung" ermöglichte.

Nicht zuletzt möchte ich mich bei meiner Frau Ingrid und bei meinen Kindern Isabelle und Alexander bedanken, die die familiären Belastungen eines Promotionsverfahrens mit großer Geduld ertragen haben.

Stuttgart, im September 1986 Gerhard Rigoll

Inhaltsverzeichnis | Seite

0 Abkürzungsverzeichnis

Abkürzung	Dimension	Erklärung
$A(k)$	-	zeitvariante Systemmatrix der Zustandsgleichungen zum Abtastzeitpunkt k
A_j	-	Matrix von Resonatorkoeffizienten des Resonators j
a_i	-	i-ter LPC-Parameter
$\underline{a}$	-	Vektor der LPC-Parameter; Referenzvektor
$\underline{a}^*$	-	modifizierter LPC-Parametervektor
$\underline{a}^{**}$	-	modifizierter LPC-Parametervektor
$\underline{a}(\underline{x},k)$	-	Vektor von nichtlinearen Systemfunktionen des Zustandsvektors $\underline{x}$ zum Abtastzeitpunkt k
B_i	Hz	Bandbreite des i-ten Resonators
$\underline{b}$	-	Parametervektor eines Referenzsignals
$\underline{b}_j$	-	modifizierter Vektor der Resonatorkoeffizienten beim j-ten Rekursionsschritt
$C(k)$	-	zeitvariante Meßmatrix der Zustandsgleichungen zum Abtastzeitpunkt k
C_K	-	Kovarianzmatrix für Lautklassenparameter der Klasse K
c	-	Konstante zur Verhinderung von numerischen Problemen
$\underline{c}(\underline{x},k)$	-	Vektor von nichtlinearen Meßfunktionen des Zustandsvektors $\underline{x}$ zum Abtastzeitpunkt k
c_i	-	1. Koeffizient des i-ten Resonators
$\underline{c}_j$	-	Vektor von partiellen Ableitungen der 1. Resonatorkoeffizienten beim j-ten Rekursionsschritt
D	-	Abstandsfunktion
d_i	-	2. Koeffizient des i-ten Resonators
$\underline{d}_j$	-	Vektor von partiellen Ableitungen der 2. Resonatorkoeffizienten beim j-ten Rekursionsschritt
DP	-	dynamische Programmierung
E	-	logarithmische Signalenergie
$e(k)$	-	LPC-Schätzfehler zum Abtastzeitpunkt k
$e_j(k)$	-	parametrische Empfindlichkeitsfunktion des j-ten LPC-Parameters zum Abtastzeitpunkt k

Abkürzung	Dimension	Erklärung
FB	-	Forward-Backward-Algorithmus
F_i	Hz	Formant des i-ten Resonators
G(z)	-	z-Übertragungsfunktion
$g(\underline{z})$	-	mehrdimensionale Gauß'sche Verteilungsfunktion des Sprachsignalparametervektors $\underline{z}$
HMM	-	Hidden-Markov-Modell
I	-	Einheitsmatrix
i	-	Index für verschiedene Parameter und Lautklassen
J	-	Kostenfunktional
j	-	Index; Kennzeichnung einer imaginären Zahl
K	-	Lautklassenindex; Zahl der Zeitfenster des Testsignals
K(k)	-	Kalman-Matrix zum Abtastzeitpunkt k
k	-	diskreter Abtastzeitpunkt; Fensterindex des Testsignals
L	-	Dimension des Parametervektors $\underline{z}$, Anzahl der Zeitfenster des Referenzsignals
l	-	Laufindex; Fensterindex des Referenzsignals
LPC	-	Linear Predictive Coding
M	-	Zahl der Abtastwerte eines Zeitfensters
m	-	Anzahl der Formanten eines Systems
$\underline{m}_K$	-	Vektor der Mittelwerte für Lautklassenparameter der Klasse K
N	-	Zahl der Sprachsegmente zur statistischen Auswertung
n	-	Systemordnung; Sprachsegmentindex
$\underline{P}$	-	Vektor von Wahrscheinlichkeitsfunktionen
P(k)	-	Kovarianzmatrix der Kalman-Filtergleichungen zum Abtastzeitpunkt k
P_k	-	Lautklassenwahrscheinlichkeitsmatrix für das Zeitfenster k
P_{Ges}	-	Gesamtwahrscheinlichkeit einer Zustandsfolge
P'(k)	-	Hilfskovarianzmatrix der Kalman-Filtergleichungen zum Abtastzeitpunkt k
p	-	Wahrscheinlichkeit
$\underline{p}_k$	-	Vektor von Lautklassenwahrscheinlichkeiten für das Zeitfenster k
$\underline{pa}$	-	Vektor der Vorwärtswahrscheinlichkeiten

Abkürzung	Dimension	Erklärung
PA	-	Matrix der Vorwärtswahrscheinlichkeiten
pb		Vektor der Rückwärtswahrscheinlichkeiten
PB		Matrix der Rückwärtswahrscheinlichkeiten
Q	-	Kovarianzmatrix des Systemrauschens; Matrix der Übergangswahrscheinlichkeiten eines Markov-Modelles
$\hat{Q}$	-	Anfangsschätzung der Matrix Q für ein Markov-Modell
q(i)	-	i-ter Autokorrelationskoeffizient der LPC-Parameter
r	-	exponentieller Vergeßfaktor
R	-	Kovarianzmatrix des Meßrauschens, Matrix der Autokorrelationskoeffizienten des Sprachsignals
R_i	-	i-ter Korrelationskoeffizient für die Zustandsgrößen
R(n)	-	normierter Autokorrelationskoeffizient
r_i	-	i-tes konjugiert komplexes Wurzelpaar eines Polynoms
s(k)	-	Sprungantwort im Zeitfenster k
s_i	-	Realteil des i-ten konjugiert-komplexen Wurzelpaares
T	s	Abtastzeit
U(z)	-	Anregungssignal im z-Bereich
u(k)	-	Anregungssignal im Zeitbereich zum Abtastzeitpunkt k
u	-	Steuervektor bei der Zustandsraumdarstellung
V	-	Verstärkungsfaktor der Übertragungsfunktion
v(k)	-	Vektor des Meßrauschens zum Abtastzeitpunkt k
W(l)	-	Zeitnormierungsfunktion des Referenzfensterindexes l
w_i	-	Imaginärteil des i-ten konjugiert-komplexen Wurzelpaares
w(k)	-	Vektor des Systemrauschens zum Abtastzeitpunkt k
x(k)	-	Zustandsvektor zum Abtastzeitpunkt k
$\hat{\mathbf{x}}$(k)	-	geschätzter Zustandsvektor zum Abtastzeitpunkt k
Y(z)	-	Sprachsignal im z-Bereich
y(k)	-	Sprachsignal im Zeitbereich zum Abtastzeitpunkt k

Abkürzung	Dimension	Erklärung
$\underline{y}(k)$	-	Meßvektor für Kalman-Filter zum Abtastzeitpunkt k
z	-	Variable der z-Transformation
$\underline{z}$	-	Vektor von Sprachsignalparametern
$\underline{1}$	-	Vektor mit Einsen besetzt

1 Einleitung

Die maschinelle Spracherkennung ist ein Teilgebiet der Mensch-Maschine-Kommunikation, das zunehmend an Bedeutung gewinnt (vgl. /51/). Sie ermöglicht eine Kommunikation zwischen Mensch und Rechner in gesprochener Sprache, was allgemein auch als die natürlichste Kommunikationsform zwischen Menschen angesehen wird. Die Sprachverarbeitung nimmt somit innerhalb der Mensch-Maschine-Kommunikation eine bedeutende Stellung ein (s. /65/). Zugleich ist die maschinelle Spracherkennung eines derjenigen Gebiete, bei denen die technischen Probleme noch sehr groß und bahnbrechende Erfolge nur sehr langfristig zu erwarten sind (s. /18/). Betrachtet man die Entwicklung der automatischen Spracherkennung in den letzten 20 Jahren, so läßt sich feststellen, daß die Fortschritte relativ gering waren, da man der ursprünglichen Vorstellung des Dialoges zwischen Mensch und Maschine in fließender Sprache mit unbeschränktem Wortschatz noch nicht sehr nahe gekommen ist. Betrachtet man andererseits die Vielzahl von Veröffentlichungen und Konferenzen auf diesem Gebiet, so zeigt sich, daß in vielen Ländern enorme Anstrengungen unternommen werden, um die Entwicklung der automatischen Spracherkennung voranzutreiben. Dabei wird ebenfalls die Bedeutung sichtbar, die viele Firmen und Forschungsinstitute diesem Gebiet zumessen. Gerade in den letzen Jahren ist der Eindruck entstanden, daß die Spracheingabetechnologie in der breiten Anwendung kurz vor dem Durchbruch steht. Hinweise hierfür sind z.B. das Auftauchen von Spracheingabechipsystemen /54/ auf dem Markt, die ebenso leistungsfähig sind, wie die aufwendigen Spracheingabesysteme der vorhergehenden Generation. Weitere positive Anzeichen sind die verstärkten Forschungsaktivitäten bzw. Forschungsprogramme von Firmen und Regierungen im Bereich der Informationstechnologie, der künstlichen Intelligenz und der digitalen Signalverarbeitung.

Zu den Bereichen, in denen viele Anwendungsmöglichkeiten für die maschinelle Spracherkennung liegen, gehört besonders die Fertigungstechnik. Hier besteht ein starkes Interesse, verschiedenste komplexe Prozesse und Anlagen mit Hilfe der Spracheingabe zu steuern, was in /52/ und /53/ zum Ausdruck gebracht ist. In /53/ wird jedoch gleichzeitig darauf hingewiesen, daß der Einsatz von Spracheingabesystemen zur Zeit manchmal noch problematisch ist, da die Leistungsfähigkeit der verfügbaren Systeme für den betreffenden Anwendungsfall oft noch nicht ausreichend ist. In der Fertigungstechnik und vielen anderen Bereichen besteht daher ein Bedarf an Spracheingabesystemen mit einer hohen Leistungsfähigkeit, der nur durch die Weiterentwicklung und Verbesserung der Spracherkennungsalgorithmen gedeckt werden kann.

Für viele praktische Anwendungen, z.B. in der Qualitätskontrolle /62/ oder bei der Warenverteilung und -erfassung /55/, genügen die heute zur Verfügung stehenden Systeme schon, für den breiten Durchbruch, beispielsweise in der Büroautomatisierung, reicht die Leistungsfähigkeit im allgemeinen noch nicht aus. Dies liegt zum großen Teil an der Tatsache, daß die heute bekannten Spracherkennungsalgorithmen noch nicht zuverlässig und wirkungsvoll genug sind. Betrachtet man die Entwicklung der bei der Spracherkennung verwendeten Signalverarbeitungsalgorithmen in den letzten 20 Jahren, so wird deutlich eine Tendenz, weg von der Anwendung klassischer spektraler Verfahren (z.B. analoge Filterbank), hin zu modernen mathematischen Verfahren aus dem Bereich der Systemtheorie unter Einsatz schneller digitaler Signalprozessoren erkennbar. Eine Verbesserung der Mensch-Maschine-Kommunikation in gesprochener Sprache ist somit auch unmittelbar verbunden mit der Verbesserung der heute existierenden Spracherkennungsalgorithmen und ist Ziel dieser Arbeit. Dabei soll insbesondere der Einsatz von modernen mathematischen Verfahren aus dem Bereich der Systemtheorie in der Spracherkennung untersucht und hervorgehoben werden, so daß sich die Ziele dieser Arbeit in drei wesentlichen Punkten zusammenfassen lassen:

- Erstellung einer Übersicht über die Anwendung von Algorithmen der Systemtheorie in der Spracherkennung. Formulierung der verwendeten Methoden als systemtheoretische Algorithmen.
- Verbesserung der augenblicklich in der Spracherkennung verwendeten systemtheoretischen Verfahren durch verstärkten Einsatz von Algorithmen aus diesem Bereich.
- Untersuchung der Einsatzmöglichkeiten von systemtheoretischen Verfahren, die bisher noch nicht in der Spracherkennung angewendet worden sind.

2 Spracherkennung als Teilgebiet der Mensch-Maschine-Kommunikation

Die Entwicklung von neuen Methoden zur ergonomischen Gestaltung der Mensch-Maschine-Schnittstelle hat sich in den letzten Jahren zu einer bedeutenden Forschungsdisziplin entwickelt (vgl. /63,65/). Es haben sich dabei drei wesentliche Kommunikationsformen zwischen Mensch und Rechner herausgebildet :

- o Tastatureingabe (z.B. bei der Programmierung)
- o direkte Manipulation mit Hilfe von graphischen Symbolen
- o natürliche Sprache

Die automatische Spracherkennung läßt sich somit als Teilgebiet der natürlichsprachlichen Systeme innerhalb der verschiedenen Formen der Mensch-Maschine-Kommunikation einordnen.

Da die Sprache die natürlichste Form der menschlichen Kommunikation darstellt, wird sie oft auch als natürlichste Form von zukünftiger Mensch-Maschine-Kommunikation betrachtet.

In der Praxis findet man jedoch oft Aufgabenstellungen, die eine rein natürlichsprachliche Kommunikation nicht sinnvoll erscheinen lassen. Jede Kommunikationsform hat ihre Vor- und Nachteile. Die Vor- und Nachteile der natürlichsprachlichen Kommunikation sind in Bild 1 dargestellt (vgl. hierzu /13/).

Die Forschungsaktivitäten im Bereich der Mensch-Maschine-Kommunikation konzentrieren sich immer mehr auf die Entwicklung von sogenannten symbiotischen Systemen. Diese Systeme lassen kombinierte Dialoge in Form von natürlichsprachlicher Kommunikation, direkter Manipulation und formaler Kommunikation zu, wobei die für den Einzelfall günstigste Kommunikationsform automatisch gewählt wird (vgl. /7,13/).

Vorteile	Nachteile
- große (ungeübte) Benutzergruppen - natürliche Kommunikation (saying mode) - effektive Kommunikation - leicht erlernbar - flexible Kommunikation - hohe erreichbare Dateneingaberate - gleichzeitige Kommunikation mit Mensch und Maschine möglich - gleichzeitige visuelle und manuelle Tätigkeiten möglich - ungewöhnliche Einsatzbedingungen (z.B. im Dunklen) möglich - geringe benutzerbedingte Fehlerrate	- aufwendig zu implementieren - relativ hohe systembedingte Fehlerrate - störanfällig (z.B. bei hohem Geräuschpegel) - längerfristig ermüdend für den Benutzer

Bild 1: Vor- und Nachteile des Einsatzes von automatischer Spracherkennung

2.1 Anwendungsbereiche der maschinellen Spracherkennung

In diesem Abschnitt sollen wesentliche Bereiche dargestellt werden, innerhalb derer sich hauptsächlich Anwendungsgebiete für die Spracherkennung entwickelt haben und sich noch weiter entwickeln werden (vgl. /49/).

So ist beispielsweise eine stark zunehmende Tendenz zur Automatisierung in der Produktion durch den Einsatz von Rechnern festzustellen. In vielen Fällen ist die Spracherkennung als eine günstige Dateneingabemöglichkeit denkbar. Beispiele dafür sind (siehe auch /55/):

- o Datenerfassung in der Qualitätskontrolle
- o sprachgesteuerte Kommandosysteme
- o Steuerung von flexiblen Fertigungssystemen und Robotern

- o Warenverteilung und -erfassung, z.B. bei Hochregallagern
- o Beschickung von Fließbändern und Arbeitsstraßen
- o Übertragung von Daten aus Plänen

Eine ähnliche Tendenz zum Einsatz von Computern ist im Bürobereich und im privaten Bereich festzustellen. Hier lassen sich beispielhaft folgende Anwendungsgebiete aufzählen:

- o automatische Diktiersysteme
- o sprachgesteuerte Programmierung von Computern
- o CAD-Systeme
- o Management-Informationssysteme
- o Menüsteuerung bei der Dialoggestaltung
- o Cockpit-Funktionen (Auto, Flugzeug)
- o Steuerung von Haushaltsgeräten
- o Behindertenbereich

Einen besonderen Einfluß auf den Einsatz der Spracherkennung wird das verstärkte Zusammenwachsen der Datenverarbeitung und der Kommunikationstechnik haben. Es ergeben sich Anwendungen wie:

- o Bestell- und Auskunftssysteme
- o Datenbankabfrage per Telefon
- o Sprachgesteuerte Service- und Dienstleistungen (z.B. Btx)

Abschließend soll der stark wachsende Markt für Produkte, die Ergebnisse der künstlichen Intelligenzforschung sind, erwähnt werden. Von intelligenten Computern und Robotern wird künftig auch erwartet werden, daß sie dem Benutzer eine Kommunikation in natürlicher Sprache ermöglichen. Es ergeben sich mögliche Anwendungen wie:

- o natürlichsprachlicher Zugang zu Expertensystemen und Datenbanken

- o Spracheingabe für hochentwickelte Arbeitsplatzrechner (Workstations)
- o natürlichsprachliche Kommunikation mit Robotern

2.2 Stand der Forschung und Darstellung der wesentlichen Forschungsrichtungen

Obwohl die auf dem Markt erhältlichen Systeme fast alle sprecherabhängige Einzelworterkennungssysteme mit stark beschränktem Wortschatz sind, ist das Ziel der automatischen Spracherkennung nach wie vor die sprecherunabhängige Erkennung fließend gesprochener Sprache mit unbeschränktem Wortschatz. Es ist allgemein bekannt, daß man von diesem Ziel momentan noch weit entfernt ist. Die augenblicklich auf dem Markt angebotenen Spracherkennungssysteme lassen sich von ihrer technischen Leistungsfähigkeit her grob in drei Klassen aufteilen:

Klasse 1: sprecherabhängige Einzelworterkennungssysteme mit einer Wortschatzgröße von 50 bis 500 Wörtern.

Klasse 2: sprecherunempfindliche Einzelworterkennungssysteme mit einem Wortschatz von weniger als 30 Wörtern.

Klasse 3: sprecherabhängige Systeme für Wortketten mit einer Länge von bis zu zehn Wörtern und einem Wortschatz von 50 bis 300 Wörtern.

Um das oben erwähnte Ziel der Spracherkennung in Teilschritten zu erreichen, haben sich innerhalb der Forschung einzelne Schwerpunkte gebildet. Diese Schwerpunkte sind, in der Reihenfolge steigender Komplexität aufgezählt:

Schwerpunkt 1: Entwicklung sprecherabhängiger Einzelworterkennungssysteme mit großem Wortschatz (Beispiele sind in /23,25,58,60/ zu finden).

Schwerpunkt 2: Entwicklung von sprecherunabhängigen Einzelworterkennungssystemen mit einem Wortschatz von 50 bis 200 Wörtern (siehe /30,31,43/).

Schwerpunkt 3: Entwicklung von sprecherabhängigen oder spreicheradaptiven Erkennungssystemen für fließend gesprochene Sprache mit einem großen Wortschatz (ca. 5000 bis 20000 Wörter), sogenannte Speech-to-Text Systeme. Beispiele hierfür findet man in (/22,35/).

Um diese Teilziele zu erreichen, wird in vielen Forschungslabors an der Entwicklung neuer Spracherkennungsalgorithmen gearbeitet. Prinzipiell lassen sich dabei zwei verschiedene Ansätze unterscheiden.

Ansatz A: Entwicklung von Algorithmen, die auf Merkmalen basieren, die ein gesamtes Wort repräsentieren. Diese Algorithmen werden meistens in den Schwerpunkten 1 und 2 angewendet. Beispiele hierfür findet man in /30,44,47/.

Ansatz B: Entwicklung von Algorithmen zur Erkennung von Wortuntereinheiten (z.B. Phoneme oder Halbsilben) und Klassifikation von Wörtern und Sätzen auf Phonembasis oder Halbsilbenbasis. Dieser Ansatz ist insbesondere bei Schwerpunkt 3 anzutreffen, kann aber auch für die Schwerpunkte 1 und 2 angewendet werden. Beispiele findet man in /22,36,59,61/.

Betrachtet man die mathematischen Methoden, die in den zwei Ansätzen verwendet werden, so stellt man fest, daß in beiden Ansätzen oft dieselben mathematischen Methoden mit derselben Systematik angewendet werden. Es lassen sich dabei drei wesentliche Ebenen unterscheiden, die während des Erkennungsprozesses durchlaufen werden. <u>Bild 2</u> verdeutlicht diese Zusammenhänge.

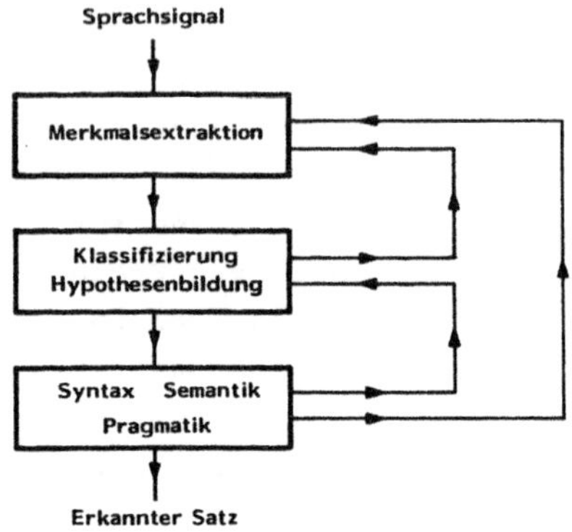

Bild 2: Verschiedene Bearbeitungsebenen bei der automatischen Spracherkennung

Ebene 1: Bei der Merkmalsextraktion werden vorwiegend Methoden der analogen und digitalen Signalverarbeitung angewendet. Beispiele für Forschungsaktivitäten auf diesem Gebiet sind die Entwicklung von zuverlässigen Formantenberechnungsverfahren (/29,40/) oder die Bestimmung von Parametern für stochastische Sprachmodelle (/50/).

Ebene 2: Bei der Klassifizierung finden vorwiegend Methoden der Mustererkennung ihre Anwendung. Aktuelle Beispiele sind die Entwicklung von Clustering-Algorithmen /42/, nichtlineare Zeitnormierung mit dynamischer Programmierung /45/ oder die Anwendung des Viterbi-Algorithmus bei stochastischen Modellen /57/.

Ebene 3: Im Bereich der Syntax, Semantik und Pragmatik werden vorwiegend Verfahren aus dem Bereich der künstlichen Intelligenz, der syntaktischen Mustererkennung und der Fuzzy-Algorithmen angewendet. Während des ARPA Speech-Understanding Projektes (/26/) wurden insbesondere Forschungsarbeiten in diesem Bereich durchgeführt. Weitere Beispiele sind die Entwicklung von Expertensystemen für die Spracherkennung (/12/), die Anwendung von Fuzzy Algorithmen (/10/) und Aufbau und Zugriff auf ein Lexikon für große Wortschätze (/9/).

Je nach Art des Ansatzes sind die einzelnen Ebenen verschieden stark ausgeprägt. Dies gilt besonders auch für die in Bild 2 dargestellten Rückkopplungen zwischen den einzelnen Ebenen, die in vielen Ansätzen oft (noch) gar nicht vorhanden sind.

2.3 Technische Probleme der maschinellen Spracherkennung

Auf der Anwenderseite treten beim Einsatz von Spracherkennungssystemen hauptsächlich folgende technische Probleme auf:

- o Die Erkennungsrate ist auch bei guten Randbedingungen (z.B. keine Lärmbelastung) noch zu niedrig.
- o Das System ist zu störanfällig, beispielsweise gegenüber Nebengeräuschen.
- o Es gibt kein System, das die für den Einsatzfall notwendigen Anforderungen erfüllt, beispielsweise weil es sprecherunabhängig sein muß oder der erforderliche Wortschatz zu umfangreich ist.

Oft treten natürlich noch weitere - nicht-technische - Probleme auf, z.B. das Preis/Leistungs-Verhältnis, auf die hier nicht näher eingegangen werden soll.

Zur Benutzerakzeptanz ist zu sagen, daß diese sehr stark von einem sinnvollen Einsatz des Spracherkennungssystems abhängt. Ist die Fehlerquote des Systems bei der entsprechenden Anwendung zu hoch, so wird der Einsatz der Spracherkennung meistens nach einer kurzen Testphase abgelehnt und man zieht eine

Eingabe über die Tastatur vor, auch wenn diese zeitaufwendiger ist. Es hat sich außerdem gezeigt, daß der Einsatz der Spracherkennung zu einer wirklichen Erleichterung der Arbeit führen muß, um akzeptiert zu werden. Befindet man sich z.B. bei der Ausführung der Arbeit in einer ungünstigen Position, die das Sprechen erschwert oder ist bei der betreffenden Anwendung das Tragen eines Mikrophons zu umständlich, führt dies meistens ebenfalls zur Ablehnung der Spracheingabe. Beispiele für Untersuchungen zur Benutzerakzeptanz findet man in /64,55/.

Die hier aufgeführten technischen Probleme treten deshalb auf, weil die augenblicklich zur Verfügung stehenden Spracherkennungsalgorithmen noch nicht leistungsfähig genug sind, um eine problemlose Spracherkennung zu gewährleisten. Die Anstrengungen zur Verbesserung der Mensch-Maschine-Kommunikation in gesprochener Sprache laufen deshalb größtenteils darauf hinaus, die Algorithmen, die in den Ebenen 1 bis 3 (in Kap. 2.2) zur Anwendung kommen, zu verbessern. Betrachtet man die Probleme der Spracherkennung von der mathematischen Seite her, so lassen sich folgende Aussagen machen:

- o In Ebene 1 (vgl. Bild 2) tritt hauptsächlich das Problem auf, die für die Erkennung wichtigen Sprachparameter exakt zu bestimmen. Ein Beispiel hierfür sind die Bemühungen, zuverlässige Werte für Formanten zu finden, mit denen sich dann sehr gut Vokale klassifizieren lassen. Die Segmentierung von kontinuierlicher Sprache in Wortuntereinheiten ist ein weiteres Beispiel für die Vielzahl von noch nicht befriedigend gelösten Problemen in diesem Bereich.
- o Das Hauptproblem in Ebene 2 besteht darin, Algorithmen zu entwickeln, mit denen man zuverlässig ein Abstandsmaß für Wörter bzw. Wortuntereinheiten ermitteln kann. Das Abstandsmaß gibt eine spektrale Ähnlichkeit für zwei Wörter an, mit deren Hilfe man ein gesprochenes Wort mit einer Reihe von gespeicher-

ten Referenzwörtern vergleichen kann.
Ein weiteres Problem ist die große Variabilität der Merkmale, die ein Sprecher und vor allen Dingen verschiedene Sprecher, bei Aussprache desselben Wortes erzeugen können.

o Die Probleme in Ebene 3 bestehen hauptsächlich darin, aus den oft stark fehlerbehafteten Resultaten aus Ebene 1 und 2 zuverlässige Schlußfolgerungen zu ziehen und beispielsweise die Anzahl der in Frage kommenden Referenzmuster mit Hilfe von syntaktischen und semantischen Verfahren zu beschränken.
Ein weiteres Problem ist die Steuerung der Rückkopplung mit den tiefer liegenden Ebenen, bei der zum Beispiel festgelegt werden kann, welche Sprachparameter von Fall zu Fall für die weitere Verarbeitung wichtig sind und somit aus dem Sprachsignal ermittelt werden sollen.

2.4 Bedeutung der Systemtheorie für die Spracherkennung

Die vorliegende Arbeit soll einen Beitrag zur Lösung der Probleme in Ebene 1 und 2 liefern. In den letzten 20 Jahren wurden große Erfolge in diesen Bereichen, vor allem durch den Einsatz von Algorithmen aus der Systemtheorie, erzielt. Unter systemtheoretischen Algorithmen sind hier im weitesten Sinne Algorithmen zu verstehen, die sich auf ein mathematisches Modell stützen, das - je nach Grad der Komplexität - die physikalischen Gegebenheiten eines Systems mehr oder weniger exakt beschreibt. Beispiele für solche Algorithmen sind:

o Systemidentifikationsverfahren
o dynamisches Verhalten zeitvarianter Systeme (Systemdynamik)
o stochastische Methoden
o dynamische Optimierungsverfahren

Der Versuch, Modelle für die Erzeugung der menschlichen Sprache aufzustellen, wurde schon vor einiger Zeit unternommen (/14,15/). Es handelte sich dabei jedoch meistens um analoge, elektrische Ersatzschaltbilder für den menschlichen Spracherzeugungsapparat und diese Modelle wurden nicht für die Erkennung von Sprache verwendet. Im Bereich der Erkennung wurde das Sprachsignal vorwiegend als eine Zusammensetzung von verschiedenen Frequenzen mit verschieden hohen Energieanteilen betrachtet und entsprechend wurden meistens analoge Filterbänke oder Fouriertransformationen im digitalen Bereich zur Merkmalsextraktion angewendet.

Als erstes Verfahren, in dem verstärkt systemtheoretische Algorithmen angewendet wurden, kann man die LPC-Technik (Linear Predictive Coding, /1,33/) bezeichnen. Die LPC-Technik gilt heute allgemein als eines der effektivsten und mächtigsten Sprachanalyseverfahren. Die Grundlage der LPC-Technik ist ein in der Systemidentifikation weit verbreitetes Parameterschätzverfahren: Das Verfahren der kleinsten Fehlerquadrate (Least Squares Verfahren, /21/).

Die Anwendung eines Algorithmus aus dem Bereich der Systemoptimierung führte zu einer weiteren entscheidenden Verbesserung der automatischen Spracherkennung: Die dynamische Programmierung (DP) wurde zur nichtlinearen Zeitnormierung zwischen einem Referenzmuster und einem Testmuster angewendet (/45/). Dieses Verfahren stammt von Bellman /6/ und wurde vorher in anderen Bereichen, z.B. bei der optimalen Steuerung und Regelung, erfolgreich eingesetzt, bevor es Anwendung in der Spracherkennung fand.

Ein drittes Beispiel ist die Modellierung von Sprache als stochastischer Prozeß (/3,22/). Dieses Verfahren, das ebenfalls einen systemtheoretischen Ansatz darstellt, kann sehr effektiv in den Ebenen 2 und 3 eingesetzt werden.

Die Motivation für die Erstellung der vorliegenden Arbeit läßt sich durch die folgenden zwei Tatsachen begründen:

- o Die vorangegangenen Beispiele zeigen, daß der Systemtheorie innerhalb der Sprachverarbeitung eine große Bedeutung zukommt.
- o Die hier erwähnten systemtheoretischen Algorithmen wurden erst relativ spät für die Spracherkennung entdeckt. Vielen Anwendern dieser Algorithmen ist die Tatsache, daß sie ihren Ursprung in der Systemtheorie haben, nicht bewußt.

Entsprechend lassen sich die Ziele der Arbeit in den drei wesentlichen Punkten zusammenfassen, die schon am Ende von Kapitel 1 aufgeführt wurden.

Entsprechend der Tatsache, daß die systemtheoretischen Verfahren sowohl in Ebene 1 als auch in Ebene 2 Bedeutung haben (siehe Abschnitt 2.2), ist die weitere Gliederung der Arbeit gewählt. Das nächste Kapitel behandelt den Einsatz von systemtheoretischen Algorithmen bei der Merkmalsextraktion, das darauf folgende Kapitel untersucht die Anwendung dieser Algorithmen bei der Klassifizierung der Merkmale.

2.5 Grundlagen der Spracherzeugung

In diesem Abschnitt soll kurz auf die Grundlagen der menschlichen Spracherzeugung eingegangen werden. Durch die Beschreibung der Enstehung eines Sprachsignals durch den menschlichen Spracherzeugungsapparat läßt sich die Vielfalt der auftretenden Lautarten erklären und es wird gleichzeitig dargestellt, in welcher Weise sich ein Modell für die Spracherzeugung herleiten läßt, mit dessen Hilfe man Methoden der digitalen Signalverarbeitung und der Systemtheorie in der Sprachverarbeitung anwenden kann. Außerdem werden alle in

Je nachdem, ob bei der Artikulation die Luft ungehindert den Vokaltrakt passieren kann oder ob eine Verengung vorliegt, unterscheidet man zwischen Sonoranten und Obstruenten. Zu den Sonoranten, die alle stimmhaft sind, gehören die Vokale aber auch andere Laute, wie z.B. die Laute /l/ oder /r/. Eine besondere Klasse von Sonoranten sind die Nasale, wie z.B. die Laute /m/ oder /n/, die entstehen wenn der Gaumensegel gesenkt ist und die Luft auch durch die Nasenhöhle strömen kann.

Bei der Erzeugung von Obstruenten kann es kurzfristig zu einem vollständigen Verschluß des Vokaltrakts kommen, wobei die Verschlußlaute oder Plosive enstehen, für die die Laute /p/ oder /t/ Beispiele sind. Bei nicht vollständigem Verschluß ensteht ein turbulenter Luftstrom, der zur Erzeugung der Reibelaute oder Frikative führt. Die Laute /f/ oder /s/ sind Beispiele hierfür. Es existieren sowohl stimmlose als stimmhafte Obstruenten. Die vorangegangenen Beispiele für Obstruenten waren alle stimmlos, der Verschlußlaut /b/ oder der Frikativ /w/ sind Beispiele für stimmhafte Obstruenten.

Beim Sprechen werden die Laute zu fließender Sprache aneinander gefügt. Dabei kommt es oft vor, daß die Artikulation eines Lautes von der Artikulation der Nachbarlaute beeinflußt wird. Dieser Effekt wird Koartikulation genannt und spielt bei der Synthese von Sprache sowie bei der Lauterkennung eine große Rolle.

Durch eine weitere Schematisierung von <u>Bild 3</u> kommt man zu dem Blockschaltbild, das in <u>Bild 5</u> dargestellt ist.

<u>Bild 5</u> liegt die Überlegung zugrunde, daß die Spracherzeugung durch das Zusammenwirken von verschiedenen Funktionsblöcken beschrieben werden kann. Die Glottis erzeugt ein Anregungssignal, das danach das Vokaltraktfilter durchläuft, das - je nach Artikulationsstellung - ein bestimmtes Übertragungsver-

halten besitzt. Das auf diese Weise gefilterte Signal durchläuft danach noch ein Übertragungsglied, das das Übertragungsverhalten der Lippen- und Nasenabstrahlung beinhaltet und als resultierendes Signal das Sprachsignal liefert.

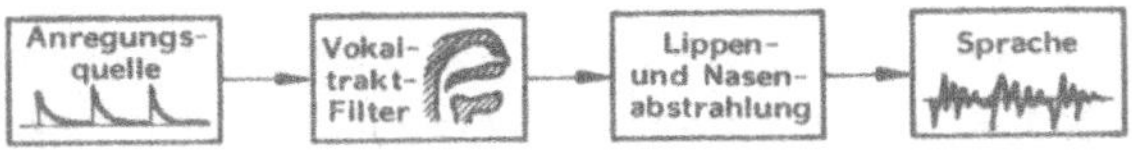

Bild 5: Blockschaltbild für die Erzeugung von Sprache

Die beiden Übertragungsglieder in Bild 5 lassen sich zu einem Übertragungsglied zusammenfassen. Bei der Spracherzeugung ändert sich das Übertragungsglied mit der Erzeugung der verschiedenen Laute, so daß es durch eine zeitvariante Übertragungsfunktion beschrieben wird, die auch Vokaltraktübertragungsfunktion genannt wird. Dies führt zu Bild 6, in dem die Spracherzeugung durch ein Blockschaltbild dargestellt wird, wie es in der digitalen Signalverarbeitung und in der Systemtheorie üblich ist.

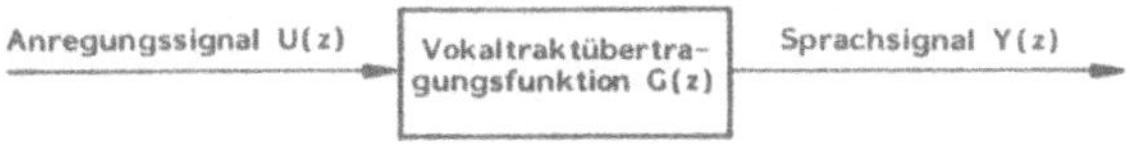

Bild 6: Blockschaltbild für die Vokaltraktübertragungsfunktion

Der Übergang zu einer Darstellung wie in Bild 6 ist besonders wichtig denn mit dieser Darstellung lassen sich die mathematischen Verfahren der Systemtheorie auf die Behandlung von Sprachsignalen anwenden. Damit ist die Grundlage für die vorliegende Arbeit gegeben, die eine vertiefte Anwendung systemtheoretischer Verfahren in der Spracherkennung zum Ziel hat.

3 Merkmalsextraktion

3.1 Verwendete Hard- und Softwarekonfiguration

Die Implementierung und Austestung der in der vorliegenden Arbeit entwickelten Algorithmen erforderte die Erstellung zahlreicher Programme sowie die Aufnahme von Sprachdaten, was mit Hilfe eines an den Rechner angeschlossenen A/D-Wandlers durchgeführt wurde. Nahezu alle in dieser Arbeit verwendeten Programme zur Analyse von Sprachsignalen, zur Erstellung von Statistiken und auch zur Erstellung der meisten Bilder wurden selber vom Verfasser angefertigt und ausgetestet.

Das Sprachsignal wurde mit einer Frequenz von 10 KHz abgetastet und mit einem Tiefpaßfilter mit einer Grenzfrequenz nahe bei 5 KHz gefiltert. Danach erfolgte eine Höhenanhebung um den Abfall des Spektrums bei höheren Frequenzen zu verringern (vgl. /49/) und eine Hochpaßfilterung mit einer Grenzfrequenz von ca. 200 Hz mit Hilfe eines digitalen Filters mit der Übertragungsfunktion (siehe dazu /2/):

$$G(z) = \frac{1 - 2z^{-1} + z^{-2}}{1 - 2e^{-0.026\pi}\cos(0.04\pi)\, z^{-1} + e^{-0.052\pi} z^{-2}} \qquad (1)$$

Die gesamte Programmentwicklung und Simulation erfolgte auf einem Rechner vom Typ VAX 11/750.

3.2 Verwendeter Testwortschatz

Zur Austestung der entwickelten Algorithmen und zur Überprüfung ihrer praktischen Anwendbarkeit wurde der in Bild 7 aufgeführte Wortschatz - bestehend aus 41 Wörtern - verwendet. Mit Hilfe dieses Wortschatzes lassen sich alle Zahlen ausdrücken und alle Wörter buchstabieren, weswegen er gerne für die sprecherunabhängige Erkennung verwendet wird (vgl. /30/). Die Worte wurden zweimal vom Verfasser und je einmal von zwei weiteren männlichen und drei weiblichen Sprechern aufgenommen. Die erste Aufnahme des Verfassers diente als Referenzwortschatz. Die zweite Aufnahme diente als Testwortschatz für das Verhalten der Algorithmen bei sprecherabhängiger Erkennung, die anderen Aufnahmen dienten zur Untersuchung der Sprecherunempfindlichkeit der Algorithmen.

Null	Eins	Zwei	Drei	Vier
Fünf	Sechs	Sieben	Acht	Neun
Anton	Ärger	Bertha	Cäsar	Charlotte
Dora	Emil	Friedrich	Gustav	Heinrich
Ida	Julius	Kaufmann	Ludwig	Martha
Nordpol	Otto	Ökonom	Paula	Quelle
Richard	Samuel	Schule	Theodor	Ulrich
Übermut	Viktor	Wilhelm	Xanthippe	Ypsilon
Zacharias				

Bild 7: Verwendeter Testwortschatz

Das Ziel in dieser Arbeit war es dabei, mit Hilfe dieses Wortschatzes festzustellen, ob neu entwickelte Algorithmen funktionsfähig sind und sich für den Einsatz in der Sprachverarbeitung eignen. Um einen solchen Algorithmus in ein Spracherkennungssystem zu integrieren, sind weiterführende Arbeiten notwendig, die nicht mehr Bestandteil der hier vorliegenden, grundlagenorientierten Arbeit sein können. Es ist dann notwenig, den Algorithmus mit einer Vielzahl von Sprachproben genau zu untersuchen und das Verhalten in Sonderfällen zu studieren, um letztendlich zu einer Echtzeit-Implementierung auf einem Signalprozessor zu kommen.

3.3 Einsatz rekursiver Parameterschätzverfahren zur Ermittlung von Vokaltraktparametern

In Abschnitt 2.4 wurden bereits die LPC-Technik erwähnt. Bei der LPC-Technik wird die Spracherzeugung durch den Ansatz einer digitalen Übertragungsfunktion für den Vokaltrakt modelliert (siehe auch Abschnitt 2.5). Für das Sprachsignal ergibt sich dadurch nach /41/ folgender Ansatz:

$$Y(z) = \frac{V}{1 + \sum_{i=1}^{n} a_i \cdot z^{-i}} \cdot U(z) = G(z) \cdot U(z) \qquad (2)$$

mit $Y(z), y(k)$ Sprachsignal im z-Bereich bzw. im Zeitbereich

$U(z), u(k)$ Anregungssignal der Glottis

$G(z)$ Vokaltraktübertragungsfunktion

a_i Parameter der Übertragungsfunktion (LPC-Koeffizienten)

V Verstärkungsfaktor der Übertragungsfunktion

n Ordnung des Systems

Aufgabe der LPC-Technik ist es, die Parameter der Vokaltraktübertragungsfunktion aus dem Sprachsignal zu bestimmen. Die numerischen Werte für das Eingangssignal u(k) liegen i.a. nicht vor. Für stimmhafte Laute ist u(k) eine impulsförmige Funktion, für stimmlose Laute wird u(k) als weißes Rauschen angenommen. Aus diesem Grund wird der Term u(k) bei der Systemidentifikation in der Sprachverarbeitung (im Gegensatz zur Identifikation in der Regelungstechnik) nicht berücksichtigt. Der Fehler der sich dabei ergibt entspricht im wesentlichen dem Eingangssignal und ist somit im Mittelwert Null für stimmlose Sprachsegmente und ist bei stimmhaften Segmenten zwischen den einzelnen Impulsen ebenfalls annähernd Null. Die Standardverfahren (/33,34/) gehen bei der Bestimmung der LPC-Parameter folgendermaßen vor: Das Sprachsignal wird in verschiedene - meistens überlappende - Zeitfenster (Frames) der Länge M (Größe zwischen 5 und 20 ms) eingeteilt. Für jedes

Zeitfenster wird die Summe der kleinsten Fehlerquadrate minimiert. Dieses Vorgehen führt für jedes Zeitfenster auf einen Satz von LPC-Parametern, der folgendem Gleichungssystem n-ter Ordnung genügt (siehe /41/):

$$\sum_{i=1}^{n} a_i \cdot \sum_{k=1}^{M} y(k-j) \cdot y(k-i) = \sum_{k=1}^{M} y(k-j) \cdot y(k) \qquad i,j=1,\ldots n \qquad (3)$$

Es ergeben sich n Gleichungen der obigen Art, nämlich für j=1 bis j=n. Es existieren verschiedene Verfahren, dieses Gleichungssystem nach den Größen a_i aufzulösen. Die zwei wichtigsten Verfahren sind die "Autokorrelationsmethode" und die "Kovarianzmethode" (s. /34/).

Besonders hervorzuheben ist die Tatsache, daß die Übertragungsfunktion in (3) stark zeitvariant ist, da sich die Artikulationsstellung während der Aussprache eines Wortes mehrmals verändert. In der Standard-LPC-Methode wird dieser Zeitvarianz durch die Einteilung des Sprachsignals in Zeitfenster Rechnung getragen, was i.a. dazu führt, daß man für jedes Fenster unterschiedliche Werte für die LPC-Parameter erhält. Die Veränderung der Parameter erfolgt im Vergleich zur Abtastfrequenz relativ langsam, so daß durch die oben angegebenen Werte für die Fensterlänge die zeitliche Veränderung der Parameter normalerweise erfaßt werden kann. Es ist trotzdem nicht einfach, einen relativ kontinuierlichen, zeitlichen Verlauf der LPC-Parameter zu erhalten.

Die dargestellten Bilder 8 bis 10 zeigen das Sprachsignal für das Wort "Eins" und die dazugehörigen LPC-Parameter für ein System 4. Ordnung, wie sie mit Hilfe der "Autokorrelationsmethode" für verschiedene Werte der Fensterlänge und des Überlappungsgrades der Zeitfenster ermittelt wurden.

In Bild 9 erkennt man einen sehr unregelmäßigen Verlauf der LPC-Parameter. Durch eine starke Überlappung der Zeitfenster kann dieser Verlauf in Bild 10 geglättet werden, was durch einen höheren Rechenaufwand erkauft werden muß.

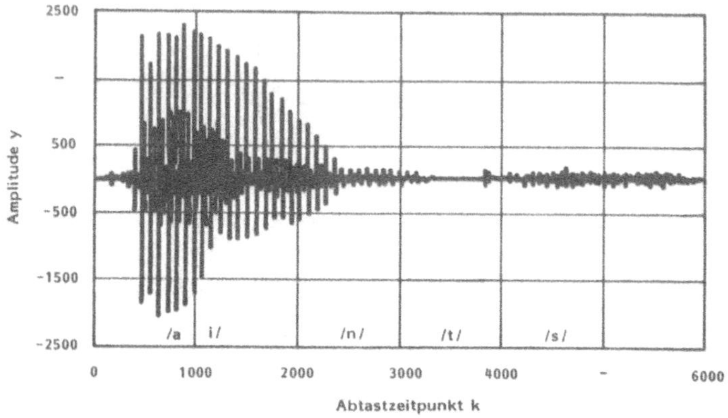

Bild 8: Sprachsignal für das Wort "Eins"

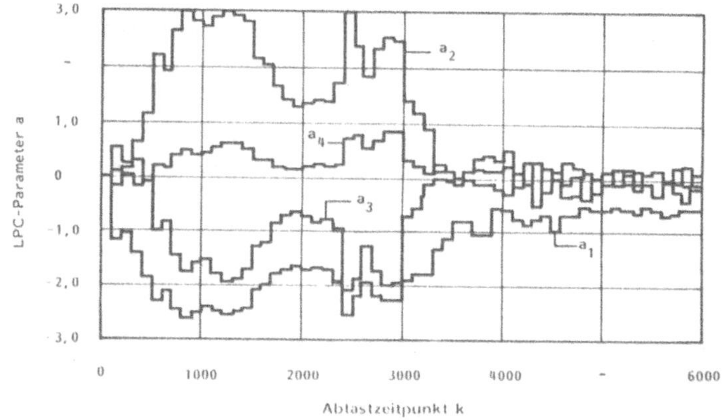

Bild 9: LPC-Parameter für das Wort "Eins". System 4. Ordnung, Fensterlänge 10 ms, keine Überlappung der Zeitfenster

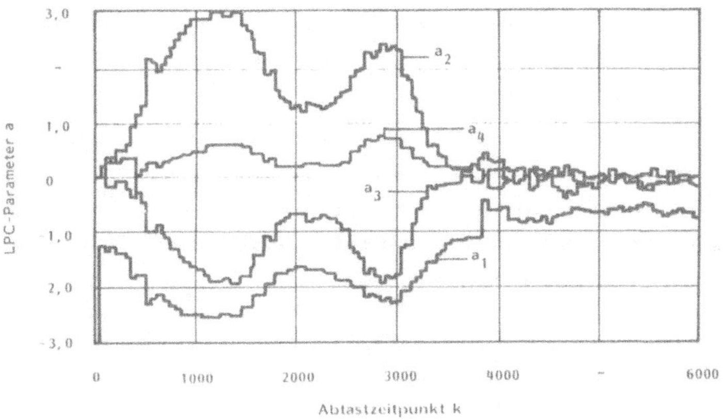

Bild 10: LPC-Parameter für das Wort "Eins". System 4. Ordnung Fensterlänge 20ms, starke Überlappung der Fenster

3.3.1 Rekursive LPC-Parameterschätzung

Speziell für zeitvariante Systeme sind im Bereich der Parameterschätzung und Systemidentifikation rekursive Parameterschätzverfahren entwickelt worden. Bei diesen Verfahren erfolgt die Berechnung der Parameter des zu identifizierenden Systems nicht fensterweise, sondern das Verfahren verarbeitet jeden Meßwert des Systemausgangssignals einzeln und liefert für jeden Meßwert einen aktualisierten Satz von Parametern. Die Zeitvarianz des Systems wird so wesentlich besser berücksichtigt. Dies hat zur Folge, daß die Schätzparameter für jeden Meßwert optimal an die momentanen Systemparameter angenähert sind. Ein wesentlich gleichmäßigerer zeitlicher Verlauf der Parameter ist die Folge. Verfahren dieser Art haben sich insbesondere beim Einsatz in der adaptiven Regelungstechnik bewährt. Es ist naheliegend zu vermuten, daß sich diese Verfahren auch für die Identifikation des stark zeitvarianten Vokaltraktsystems eignen.

Für das Sprachsignal gilt mit Glg. (2) im Zeitbereich :

$$y(k) = -a_1 \cdot y(k-1) - \; .... \; - a_n \cdot y(k-n) + V \cdot u(k) \tag{4}$$

Bringt man alle Terme auf die linke Seite der Gleichung und vernachlässigt man dabei den unbekannten Term Vu(k), so steht auf der rechten Seite nicht der Wert "Null", sondern der Fehler e(k), der dadurch entsteht, daß Glg. (4) nun nicht mehr exakt erfüllt ist :

$$e(k) = y(k) + \sum_{i=1}^{n} a_i \cdot y(k-i) \tag{5}$$

Der Fehler für jeden Meßwert ergibt sich somit aus dem aktuellen Meßwert und der linearen Kombination der vorhergehenden Meßwerte mit den LPC-Parametern. In /48/ wird ein rekursives Parameterschätzverfahren vorgestellt, bei dem die letzte Zeile einer Dreiecksmatrix der Dimension n+1 mit der zu jedem Abtastzeitpunkt k aktuellen Meßwertreihe y(k), y(k-1) ... y(k-n) belegt wird. Durch eine Reihe von orthogonalen Transformationen wird diese Matrix wieder in eine Dreiecksmatrix umgeformt. Aus dieser Dreiecksmatrix läßt sich dann der optimale LPC-Parametersatz für den Abtastzeitpunkt k berechnen. Das Verfahren ist sehr zuverlässig, was auch in /48/ erwähnt wird und benötigt wenig Speicherplatz- und Rechenzeitbedarf. Am Anfang der Schätzung kann die Dreiecksmatrix mit Nullen aufgefüllt sein. Nach der Verarbeitung der ersten n Meßwertreihen stehen die ersten zuverlässigen Werte für die Parameter zur Verfügung. Vor der Verarbeitung der jeweils nächsten Meßwertreihe wird die Dreiecksmatrix mit einem "Vergeßfaktor" r<1 multipliziert. Dieser Faktor ist verantwortlich für das Adaptionsverhalten der Schätzung. Kleine Werte für r führen zu einem stark adaptiven Verhalten und zu einer geringeren Wichtung der alten Meßwerte. Das Verfahren ergibt für eine Sekunde Sprache bei einer Abtastrate von 10KHz 10000 LPC-Parametersätze. Der zeitliche Verlauf der LPC-Parametersätze wird danach in Fenster der üblichen Größe aufgeteilt. Jedes Fenster wird dann durch einen LPC-Parametersatz repräsentiert, um die Anzahl der weiterzuverarbeitenden Merkmale zu reduzieren. Diese Verlagerung der Fensterbildung hinter den Berechnungsvorgang für die Parameter führt zu einem wesentlich glatteren Verlauf der Parameter. Bild 11 zeigt die LPC-Parameter für das Sprachsignal in Bild 8 mit einem Vergeßfaktor von r=0.994 und einer Fensterlänge von 5 ms.

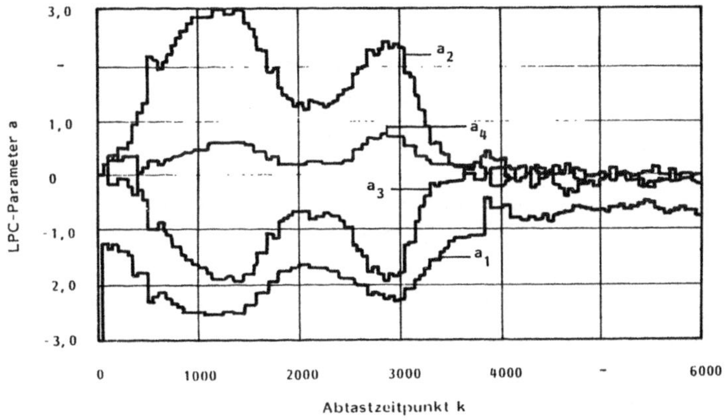

Bild 11: LPC-Parameter für das Wort "Eins". Rekursives Schätzverfahren, Vergeßfaktor r = 0.994, Fensterlänge 5 ms

3.3.2 Einsatz von Kalman-Filtern zur LPC-Parameterbestimmung

Kalman-Filter stellen eine weitere Variante von rekursiven Parameterschätzverfahren dar (/17/). Sie bieten gegenüber den üblichen Verfahren einige zusätzliche Möglichkeiten, die sich speziell für die Anwendung in der Sprachverarbeitung als vorteilhaft erweisen.

Einem Kalman-Filter liegt ein dynamisches Modell für ein System in Form einer Zustandsraumdarstellung zugrunde:

$$\underline{x}(k) = A(k)\cdot\underline{x}(k-1) + \underline{w}(k) \qquad (6)$$

$$\underline{y}(k) = C(k)\cdot\underline{x}(k) + \underline{v}(k) \qquad (7)$$

Dabei bedeuten $\underline{x}(k)$: Vektor der Zustandsgrößen, die den Systemzustand vollständig beschreiben.

$A(k)$: Systemmatrix

$\underline{w}(k)$: Systemrauschen

$\underline{y}(k)$: Vektor der Meßgrößen

$C(k)$: Meßmatrix

$\underline{v}(k)$: Meßrauschen

die stochastischen Prozesse $\underline{w}$ und $\underline{v}$ sind weiße Rauschprozesse mit den Kovarianzmatrizen Q und R.

Bild 12 zeigt das Blockschaltbild für ein Zustandsraummodell und das zugehörige Kalman-Filter.

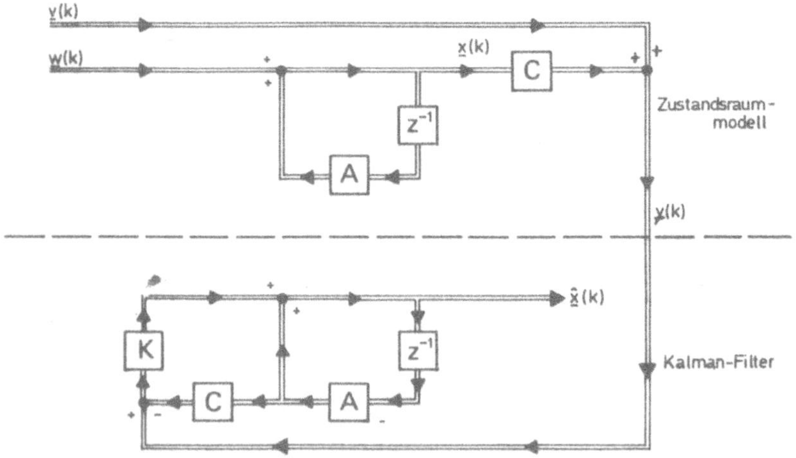

Bild 12: Blockschaltbild für ein Zustandsraummodell und ein Kalman-Filter zur Schätzung der Zustandsgrößen

Die Aufgabe des Kalman-Filters besteht darin, mit Hilfe der gemessenen Größen in $\underline{y}(k)$, den vollständigen Systemzustand $\underline{x}(k)$ zu schätzen. Die Gleichungen lauten:

$$\hat{\underline{x}}(k) = A(k)\cdot\hat{\underline{x}}(k-1) + K(k)\cdot[\underline{y}(k) - C(k)A(k)\hat{\underline{x}}(k-1)] \tag{8}$$

$$P'(k) = A(k)\cdot P(k-1)\cdot A^T(k) + Q(k) \tag{9}$$

$$K(k) = P'(k)\cdot C^T(k)\cdot[C(k)P'(k)C^T(k) + R(k)]^{-1} \tag{10}$$

$$P(k) = [I - K(k)C(k)]\cdot P'(k) \tag{11}$$

Für die Anwendung in der Sprachverarbeitung bedeutet das, daß man mit Hilfe des Kalman-Filters aus dem Meßsignal (= Sprachsignal) die Zustandsgrößen (= LPC-Parameter) bestimmen möchte. Für die Veränderung der LPC-Parameter kann man die Annahme machen, daß die LPC-Parameter zum neuen Zeitpunkt gleich den LPC-Parametern zum alten Zeitpunkt plus eine relativ kleine zufällige Änderung sind. Bezeichnet man $\underline{x}$ als den Vektor der LPC-Parameter

$$\underline{x} = [a_1, a_2, \ldots\ldots, a_n]^T \tag{12}$$

so gilt für deren zeitliche Veränderung :

$$\underline{x}(k) = \underline{x}(k-1) + \underline{w}(k) = A(k)\cdot\underline{x}(k-1) + \underline{w}(k),\quad A(k) = I \tag{13}$$

Für das Sprachsignal gilt Glg. (4) und mit Glg. (12) ergibt sich :

$$y(k) = C(k)\cdot\underline{x}(k) + \underbrace{V\cdot u(k)}_{= v(k)} \tag{14}$$

$$\text{mit } C(k) = [-y(k-1), -y(k-2), \ldots\ldots, -y(k-n)] \tag{15}$$

Vergleicht man Glg. (13) und (14) mit Glg. (6) und (7), so zeigt sich, daß die Beziehung zwischen der zeitlichen

Veränderung der LPC-Parameter und dem Sprachsignal in einer Form dargestellt wurde, die für das Kalman-Filter direkt anwendbar ist. Mit den Werten für die Matrizen A aus (13) und C aus (15) und dem Sprachsignal y(k), ergeben sich die LPC-Parameter $\underline{\hat{x}}(k)$ aus dem Gleichungssystem (8) bis (11). In Glg. (14) zeigt sich außerdem eine der günstigen Eigenschaften des Kalman-Filters für die Sprachverarbeitung: Der unbekannte Anregungsterm Vu(k) läßt sich durch die stochastische Größe v(k) in den Filter-Gleichungen erfassen. Mit dem Wert R für die entsprechende Kovarianzmatrix lassen sich die Gleichungen den jeweiligen Bedingungen optimal anpassen. Mit der Größe für die Kovarianzmatrix Q kann man die zeitliche Veränderlichkeit der LPC-Parameter einstellen. Insgesamt läßt sich sagen, daß das Verhältnis der Größen von Q und R in etwa dem Vergeßfaktor in Abschnitt 3.3.1 entspricht. <u>Bild 13</u> zeigt die LPC-Parameter des Sprachsignals in <u>Bild 8</u>, mit Hilfe eines Kalman-Filters berechnet.

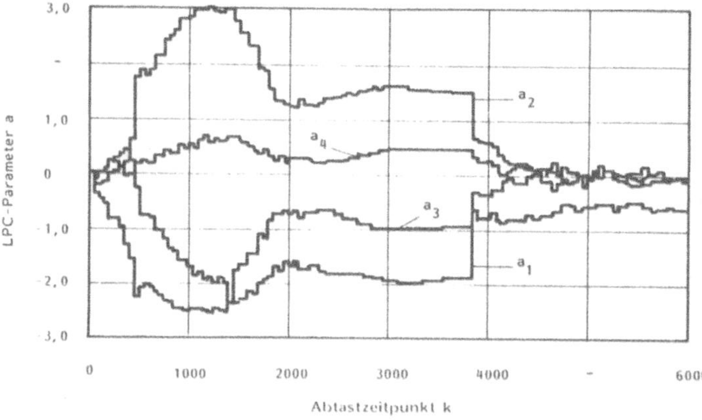

<u>Bild 13</u>: LPC-Parameter für das Wort "Eins", mit Hilfe eines Kalman-Filters berechnet

Da die stochastischen Prozesse $\underline{w}(k)$ und $\underline{v}(k)$ beim Kalman-Filter weißes Rauschen darstellen, ist Glg. (14) optimal für ein stimmloses Sprachsignal ausgelegt. Bei stimmhaften Lauten sind die Voraussetzungen für das Kalman-Filter nicht mehr exakt erfüllt. Die Auswirkungen dieser Tatsache lassen sich veranschaulichen, wenn man den zeitlichen Verlauf der geschätzten Parameter nicht wie in Abschnitt 3.3.1 beschrieben in Zeitfenster aufteilt, sondern den gesamten zeitlichen Verlauf für jeden Abtastwert betrachtet. Dieser ist in Bild 14 für den 1. LPC-Koeffizienten für das Sprachsignal in Bild 8 dargestellt. Das Verhältnis der Werte für Q und R wurde dabei so gewählt, daß das System besonders empfindlich auf Parameterveränderungen reagiert.

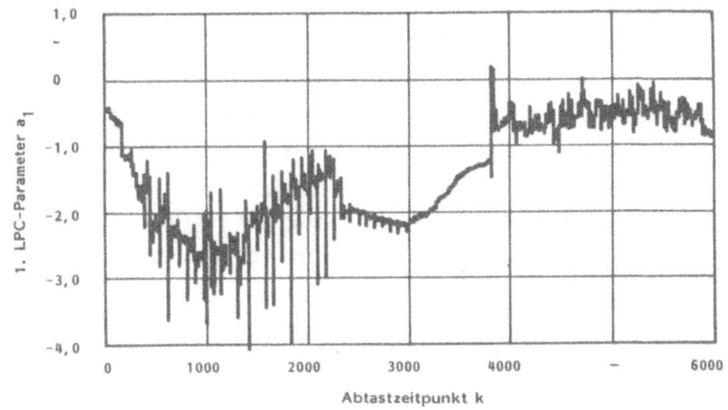

Bild 14: Detaillierte Darstellung des 1. LPC-Koeffizienten für das Wort "Eins", mit Kalman-Filter berechnet

Man erkennt bei den stimmhaften Anteilen (Abtastwerte 0 bis ca. 3000), daß der Verlauf durch Impulse unterbrochen wird, die in regelmäßigen Abständen auftreten. Bei dem stimmlosen Sprachsegment (Abtastwerte 3800 bis 5500) erkennt man einen verrauschten Verlauf. Dies läßt sich folgendermaßen erklären: Durch die Tatsache, daß der Anregungsterm Vu(k) in der Sprachverarbeitung nicht berücksichtigt werden kann, ergibt sich bei jedem LPC-Ansatz immer automatisch ein Fehler.

Dieser Fehler entspricht dem Anregungssignal und ist besonders groß, wenn auch das Anregungssignal groß ist. Die impulsförmigen Störungen in Bild 14 entstehen deshalb immer dann, wenn bei stimmhaften Segmenten ein Impuls in der Anregung vorliegt. Bei stimmlosen Segmenten macht sich auf gleiche Weise die rauschförmige Anregung bemerkbar. Der erwähnte Fehler entsteht auch bei einem nicht-rekursiven Schätzverfahren, hier verteilt sich der Fehler jedoch auf alle Meßwerte eines Zeitfensters. Da für jedes Fenster nur ein Parametersatz berechnet wird, kann man den Fehler am zeitlichen Verlauf der Parameter nicht mehr erkennen. Bei einem rekursiven Verfahren wirkt sich der Fehler entsprechend der Grundfrequenz des Signals immer nur auf einen Parameterwert aus (ca. jeder hunderste Wert) und ist sonst praktisch gleich Null.

Insgesamt ergibt sich somit ein weiterer Vorteil der rekursiven Parameterschätzverfahren: Der zeitliche Verlauf der LPC-Parameter läßt sich aufspalten in den eigentlichen Parameterverlauf und einem Verlauf, der von der Anregung kommt. Man kann auf diese Weise das Fehlersignal relativ einfach vom Parametersignal trennen und erhält so korrekte Werte für die Parameterverläufe. Eine Trennung erfolgt z.B. dadurch, daß man bei der Einteilung des Parameterverlaufs in Zeitfenster darauf achtet, daß man innerhalb eines Fensters nicht den Wert wählt, der gerade dem Fehlerpeak entspricht, sondern einen benachbarten Wert verwendet. Auf diese Weise sind die gleichmäßigen Verläufe in Bild 11 und Bild 13 entstanden.

Da die impulsförmigen Störungen in Bild 14 vom Anregungssignal stammen, kann man das Kalman-Filter so auslegen, daß es sich zur Bestimmung der Sprachgrundfrequenz verwenden läßt. Dazu stellt man die Werte für Q und R so ein, daß das Verfahren besonders empfindlich für Parameterveränderungen wird. Dies ist in der Regel dann gegeben, wenn man die Werte der Kovarianzmatrix Q, die das Systemrauschen $\underline{w}$ beschreibt, erhöht. Dadurch wird die Veränderlichkeit der Zustandsgrößen erhöht (s. Glg. (6)). Die Abstände, mit denen die Peaks im zeitlichen Verlauf der Parameter auftreten, entsprechen der Grundfrequenz des Sprachsignals. Für die nichtrekursive Technik existiert ein ähnliches Verfahren /41/, das auf der direkten Berechnung des Fehlersignals nach Glg. /5/ beruht. Das neben stehende Bild 15 zeigt dieses Fehlersignal für ein stimmhaftes Sprachsegment des Sprachsignals in Bild 8 (oben), den Verlauf des 1. LPC-Koeffizienten für dieses Segment (Mitte), sowie den Verlauf des 1. LPC-Parameters für ein entsprechendes Segment von einer Sprecherin (unten).

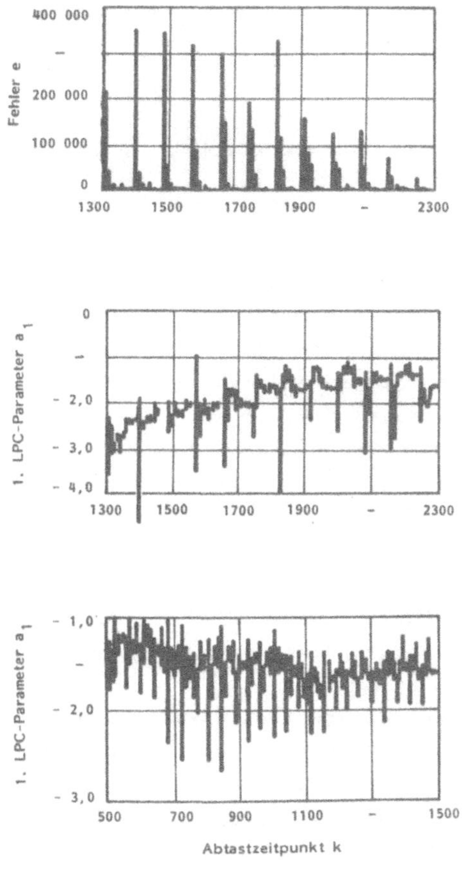

Bild 15: Bestimmung der Sprachgrundfrequenz mit Kalman-Filtern

In den beiden oberen Teilbildern kann man erkennen, daß die Position der Peaks identisch ist. Das untere Teilbild zeigt eine wesentlich höhere Anzahl von Peaks, die aufgrund der höheren Grundfrequenz der Sprecherin auftritt. Dieser alternative Ansatz zur Sprachgrundfrequenzbestimmung wurde in der vorliegenden Arbeit nicht weiter verfolgt. Er soll in dieser

Arbeit als interessantes Nebenprodukt aus der Verwendung von rekursiven Parameterschätzverfahren in der Sprachverarbeitung betrachtet werden.

3.3.3 Ermittlung von Formanten mit rekursiven Verfahren

Neben den LPC-Parametern lassen sich aus dem Sprachsignal weitere wichtige Merkmale extrahieren. Dabei kommt den Formanten eine besonders große Bedeutung zu, da sich ihre Werte sehr gut phonetisch deuten lassen. Eines der einfachsten und gängigsten Verfahren für die Formantenbestimmung ist eine Fourier-Transformation des Sprachsignals und eine anschließende Suche nach den Maxima im resultierenden Spektrum (Peak-Picking). Bild 16 verdeutlicht dieses Vorgehen.

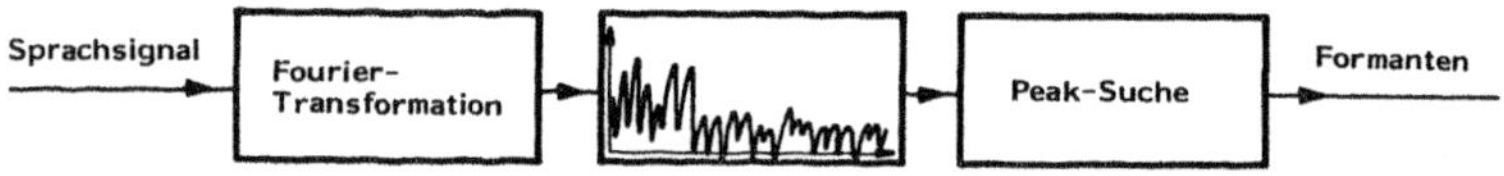

Bild 16: Formantenbestimmung mittels Fourier-Analyse

Eine weitere Möglichkeit, die in Bild 17 dargestellt ist, ist eine LPC-Analyse des Sprachsignals und eine anschließende Bestimmung des Frequenzganges der ermittelten Übertragungsfunktion. Man erhält auf diese Weise ebenfalls das Spektrum, aus dem die Formanten mit Hilfe der Maxima-Suche ermittelt werden können.

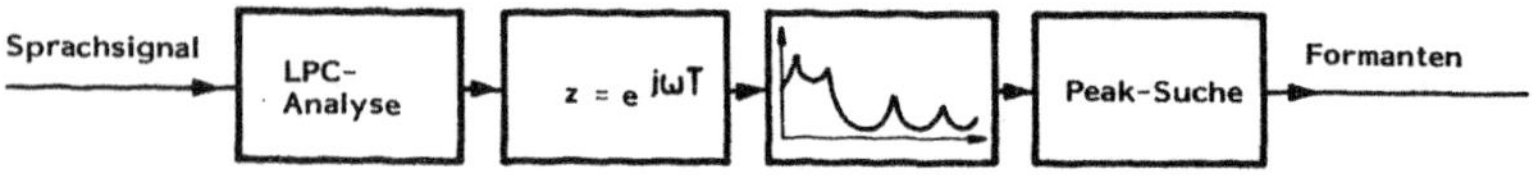

Bild 17: Formantenbestimmung aus LPC-Spektrum

Eine weitere gängige Methode ist die Berechnung der Formanten aus der Wurzel des Polynoms im Nenner von Glg. (2) (Polberechnung oder Root-Solving Methode). Durch die Berechnung der

Wurzeln dieses Polynoms erhält man n/2 konjugiert-komplexe Wurzelpaare

$$r_i = s_i \pm jw_i \qquad i = 1,\ldots,n/2 \tag{16}$$

Die dazugehörigen Formanten F_i und Bandbreiten B_i lassen sich daraus bei Kenntnis der Abtastzeit T mit folgender Formel berechnen:

$$F_i = \frac{1}{2\pi T}\cdot\arccos\frac{s_i}{\sqrt{s_i^2 + w_i^2}}\ , \qquad B_i = -\frac{1}{2\pi T}\cdot\ln\left(s_i^2 + w_i^2\right) \qquad i = 1,\ldots,n/2 \tag{17}$$

Bild 18 zeigt das dazugehörige Blockschaltbild.

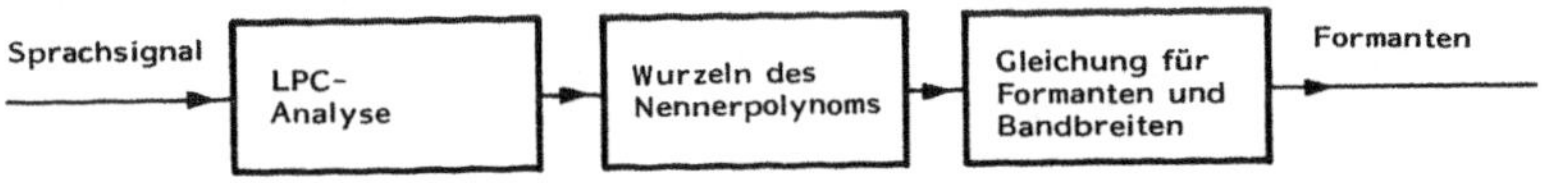

Bild 18: Formantenbestimmung mit Hilfe der Polberechnung

Eine rekursive Formantenbestimmung läßt sich mit Hilfe der letzten zwei Verfahren durchführen, indem man die vorbereitende LPC-Analyse rekursiv ausführt. Alle drei vorgestellten Verfahren weisen jedoch einige Nachteile auf:

- Es müssen Näherungsverfahren, z.B. zur Peaksuche oder zur Wurzelbestimmung eingesetzt werden.
- Es werden oft nicht immer alle im Sprachsignal enthaltenen Formanten gefunden. Manchmal ist die Auflösung der Peaks nicht groß genug oder es werden keine konjugiert-komplexen Wurzelpaare gefunden.
- Die resultierenden Formantenverläufe sind meistens nicht sehr gleichmäßig in ihrem zeitlichen Verlauf.

Man kann deshalb die korrekte Bestimmung der Formanten aus dem Sprachsignal als eines der größeren, noch nicht befriedigend gelösten Probleme in der Sprachanalyse bezeichnen, was immer wieder durch Arbeiten aus dem Bereich der Sprachverarbeitung belegt wird (/8,29,40/). Im nächsten Abschnitt soll daher ein neuentwickelter Ansatz für die Bestimmung der Formanten vorgestellt werden, der gegenüber den Standardverfahren einige Vorteile aufweist.

3.3.4 Einsatz eines erweiterten Kalman-Filters zur direkten Ermittlung der Formanten aus dem Sprachsignal

Das neue Verfahren zur Formantenbestimmung basiert ebenfalls auf dem Einsatz von systemtheoretischen Algorithmen. Das Blockschaltbild für dieses Verfahren ist im folgenden Bild 19 dargestellt.

Bild 19: direkte Formantenberechnung aus dem Sprachsignal

Das erweitete Kalman-Filter (extended Kalman-Filter) wird benötigt, da die Beziehung zwischen den Formanten und dem Sprachsignal nichtlinear ist, was auf den nächsten Seiten noch ausführlich dargestellt wird. Aus Bild 19 ist zu ersehen, daß bei diesem Verfahren keine Transformation in den Frequenzbereich mehr erforderlich ist. Die Formanten werden direkt aus dem Sprachsignal berechnet.

Dem erweiterten Kalman-Filter, das hier zum Einsatz kommt, liegt folgendes nichtlineares Zustandsraummodell zugrunde:

$$\underline{x}(k) = \underline{a}(\underline{x}(k-1),k) + \underline{w}(k) \tag{18}$$

$$\underline{y}(k) = \underline{c}(\underline{x}(k-1),k) + \underline{v}(k) \tag{19}$$

Dabei sind $\underline{a}$ und $\underline{c}$ nichtlineare Vektorfunktionen der Zustandsgrößen $\underline{x}$ und der diskreten Zeit k. Sie treten an die Stelle der Matrizen A und C für das lineare Kalman-Filter in Abschnitt 3.3.2. Bei den Filtergleichungen ist Glg. (8) in Abschnitt 3.3.2 ebenfalls leicht modifiziert:

$$\hat{\underline{x}}(k) = \underline{a}(\hat{\underline{x}}(k-1),k) + K(k)\cdot[\underline{y}(k) - \underline{c}(\underline{a}(\hat{\underline{x}}(k-1)))] \tag{20}$$

Die restlichen Filtergleichungen in Abschnitt 3.3.2 bleiben unverändert (siehe /17/). Die dort vorkommenden Matrizen A und C berechnen sich im Fall des erweiterten Kalman-Filters zu:

$$A = \left.\frac{\partial \underline{a}(\underline{x},k)}{\partial \underline{x}}\right|_{\underline{x}=\hat{\underline{x}}} \qquad C = \left.\frac{\partial \underline{c}(\underline{x},k)}{\partial \underline{x}}\right|_{\underline{x}=\hat{\underline{x}}} \tag{21}$$

Analog zu dem Vorgehen in Abschnitt 3.3.2 wird ein Zustandsvektor definiert, der in diesem Fall aus den Formanten und Bandbreiten besteht:

$$\underline{x} = [F_1, F_2, \ldots, F_m, B_1, B_2, \ldots, B_m]^T \tag{22}$$

Für die zeitliche Veränderung der Formanten wird ebenfalls derselbe Ansatz gewählt wie in Abschnitt 3.3.2, d.h.:

$$\underline{x}(k) = \underline{a}(\underline{x}(k-1)) + \underline{w}(k) \quad \text{mit } \underline{a} = I\cdot\underline{x}(k-1) = \underline{x}(k-1) \tag{23}$$

Damit ist die Zustandsgleichung (18) bereits in einfachster Weise erfüllt. Wesentlich komplizierter gestaltet sich die Formulierung der Meßgleichung (19). Gesucht wird dabei die Funktion $c(\underline{x})$, die die Abhängigkeit des gemessenen Sprachsignals von den Formanten und Bandbreiten mathematisch beschreibt. Dazu wird für die Entstehung des Sprachsignals zunächst derselbe Ansatz wie in Abschnitt 3.3 gemacht (siehe Glg. (2)). Die in dieser Gleichung vorkommende Übertragungsfunktion läßt sich in eine Anzahl von Resonatorübertragungsfunktionen aufspalten. Der Vorgang wird in umgekehrter Weise bei der Formantensynthese (/27/) angewendet. Es gilt:

$$\frac{1}{1+\sum_{i=1}^{n} a_i \cdot z^{-i}} = \frac{1}{1+c_1\cdot z^{-1}+d_1\cdot z^{-2}} \cdot \ldots\ldots\ldots \cdot \frac{1}{1+c_m\cdot z^{-1}+d_m\cdot z^{-2}} \tag{24}$$

Dabei ist $m=n/2$; die Anzahl der Formanten und der Bandbreiten ist gleich der Hälfte der LPC-Koeffizienten. Die Formanten und Bandbreiten sind in den Parametern c_i und d_i der Resonatoren direkt enthalten (/27/). Es gilt dabei (mit der Abtastzeit T):

$$c_j = -2\cdot \exp(-\pi B_j T)\cdot \cos(2\pi F_j T), \quad d_j = \exp(-2\pi B_j T) \tag{25}$$

Aus (24) und (25) folgt, daß die LPC-Parameter eine stark nichtlineare Funktion der Formanten und Bandbreiten sind. Man kann deshalb unter Verwendung von Gleichung (22) schreiben:

$$a_i = f_i(F_1, \ldots, F_n, B_1, \ldots, B_n) = f_i(\underline{x}) \tag{26}$$

Mit Glg. (4) für das Sprachsignal ergibt sich somit:

$$y(k) = -a_1(\underline{x})\cdot y(k-1) - \ldots - a_n(\underline{x})\cdot y(k-n) + \underbrace{V\cdot u(k)}_{=\,v(k)}$$

$$\longrightarrow y(k) = c(\underline{x}) + v(k)$$

Man hat damit formal die Meßgleichung ermittelt. Die gesuchte nichtlineare Funktion $c(\underline{x})$ hat die Form:

$$c(\underline{x}) = -\sum_{i=1}^{n} a_i(\underline{x})\cdot y(k-i) \tag{27}$$

und für die in Glg. (21) benötigten partiellen Ableitungen gilt:

$$\frac{\partial c(\underline{x})}{\partial \underline{x}} = -\sum_{i=1}^{n} \frac{\partial a_i(\underline{x})}{\partial \underline{x}}\cdot y(k-i) \tag{28}$$

Zur Berechnung dieser Größen benötigt man nun noch die genaue analytische Form der Funktionen $a_i(\underline{x})$ für beliebige Ordnung m. Die Herleitung dieser Funktionen stellt das größte Problem in diesem Ansatz dar. Betrachtet man Glg. (24) und (25) für eine größere Ordnung (m=4...6), so wird einsichtlich, daß diese Funktionen mit steigender Ordnung sehr komplex werden. Man kann jedoch diese Funktionen analytisch mit Hilfe von Rekursionsformeln ermitteln. Die Formeln sollen hier in Form einer Matrix-Vektor-Gleichung dargestellt werden, die sich besser für die Programmierung auf einem Rechner eignet.

Betrachtet man zunächst einen einzigen Resonator (j=1), läßt sich die Beziehung zwischen den LPC-Parametern und den Formanten sehr einfach ausdrücken (siehe Bild 20):

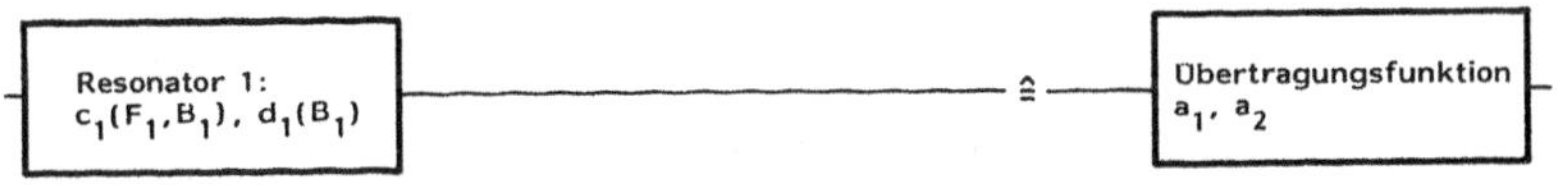

Bild 20: Übertragungsfunktion eines Resonators

Der Resonator in Bild 20 entspricht einer Übertragungsfunktion mit zwei LPC-Koeffizienten, die in diesem Fall genau den Resonatorkoeffizienten entsprechen, d.h. es gilt:

$$a_1(j=1) = c_1 \quad \text{und} \quad a_2(j=1) = d_1$$

und mit Glg. (25) für j=1 läßt sich der direkte Bezug zwischen LPC-Parametern und Formanten herstellen. Für die Hintereinanderschaltung von zwei Resonatoren (j=2) gilt (siehe Bild 21):

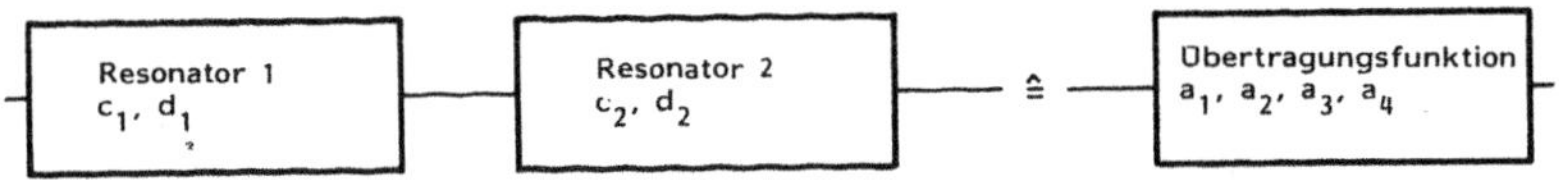

Bild 21: Übertragungsfunktion für die Hintereinanderschaltung von zwei Resonatoren

$a_1(j=2) = c_1 + c_2$ $\qquad$ $a_2(j=2) = c_1 \cdot c_2 + d_1 \cdot d_2$

$a_3(j=2) = c_1 \cdot d_2 + c_2 \cdot d_1$ $\qquad$ $a_4(j=2) = d_1 \cdot d_2$

Führt man zur Vereinfachung den Vektor der LPC-Parameter

$$\underline{a} = [a_1, a_2, \ldots, a_n]^T \qquad (29)$$

ein, so kann man für jede beliebige Resonatorordnung j den LPC-Parametervektor $\underline{a}(j)$ in Abhängigkeit der Resonatorkoeffizienten c_i und d_i (und damit durch Glg. (25) in Abhängigkeit der Formanten F_i und B_i) ermitteln.

Ebenfalls rekursiv läßt sich die in Glg. (28) benötigte Matrix

$$\frac{\partial \underline{a}}{\partial \underline{x}} = \begin{bmatrix} \frac{\partial a_1}{\partial F_1} & \cdots & \frac{\partial a_1}{\partial F_m}, & \frac{\partial a_1}{\partial B_1} & \cdots & \frac{\partial a_1}{\partial B_m} \\ \vdots & \vdots & \vdots & \vdots & \vdots & \vdots \\ \frac{\partial a_n}{\partial F_1} & \cdots & \frac{\partial a_n}{\partial F_m}, & \frac{\partial a_n}{\partial B_1} & \cdots & \frac{\partial a_n}{\partial B_m} \end{bmatrix} \qquad (30)$$

ermitteln. Zur Formulierung der Rekursionsgleichungen benötigt man außerdem folgende Matrizen und Vektoren:

$$A_j = \begin{bmatrix} 1 & 0 & . & . & . & 0 \\ c_j & 1 & 0 & . & . & 0 \\ d_j & c_j & 1 & . & . & . \\ 0 & d_j & c_j & 1 & & 0 \\ \vdots & & \ddots & \ddots & \ddots & \\ 0 & . & . 0 & d_j & c_j & 1 \end{bmatrix} \qquad (31)$$

$$\underline{a}^* = [1, a_1, a_2, \ldots, a_{n-1}]^T \qquad (32)$$

$$\underline{a}^{**} = [0,\ 1,\ a_1,\ a_2,\ \dots,\ a_{n-2}]^T \qquad (33)$$

$$\underline{b}_j = [c_j,\ d_j,\ 0,\ 0,\ \dots,\ 0\ ]^T \qquad (34)$$

$$\underline{c}_j = \frac{\partial c_j}{\partial \underline{x}} = \left[\frac{\partial c_j}{\partial F_1},\dots,\frac{\partial c_j}{\partial F_m},\frac{\partial c_j}{\partial B_1},\dots,\frac{\partial c_j}{\partial B_m}\right] \qquad (35)$$

$$\underline{d}_j = \frac{\partial d_j}{\partial \underline{x}} = \left[\ 0\ ,\dots,\ 0\ ,\frac{\partial d_j}{\partial B_1},\dots,\frac{\partial d_j}{\partial B_m}\right] \qquad (36)$$

Dabei gilt aus Glg. (25):

$$\frac{\partial c_j}{\partial F_i} = \begin{cases} 0 & \text{für } j \neq i \\ 4\pi T\cdot\exp(-\pi B_i T)\cdot\sin(2\pi F_i T) & \text{für } j = i \end{cases}$$

$$\frac{\partial c_j}{\partial B_i} = \begin{cases} 0 & \text{für } j \neq i \\ 2\pi T\cdot\exp(-\pi B_i T)\cdot\cos(2\pi F_i T) & \text{für } j = i \end{cases} \qquad (37)$$

$$\frac{\partial d_j}{\partial B_i} = \begin{cases} 0 & \text{für } j \neq i \\ -2\pi T\cdot\exp(-2\pi B_i T) & \text{für } j = i \end{cases}$$

Für eine Übertragungsfunktion der Ordnung $n=2m$, die aus m Resonatoren zusammengesetzt ist, gelten dann bezüglich der Resonatorordnung j ($j=1\dots m$) folgende Rekursionsformeln:

$$\underline{a}(j) = A_j\cdot\underline{a}(j-1) + \underline{b}_j\ , \quad \text{Anfangsbedingung: } \underline{a}(j=1) = \underline{b}_1 \qquad (38)$$

$$\frac{\partial \underline{a}}{\partial \underline{x}}(j) = A_j\cdot\frac{\partial \underline{a}}{\partial \underline{x}}(j-1) + \underline{a}^{*}(j-1)\cdot\underline{c}_j + \underline{a}^{**}(j-1)\cdot\underline{d}_j \qquad (39)$$

Anfangs-
bedingung:

$$\frac{\partial \underline{a}}{\partial \underline{x}}(j=1) = \begin{bmatrix} \frac{\partial c_1}{\partial F_1}, & 0, & \dots, & 0, & \frac{\partial c_1}{\partial B_1}, & 0, & \dots, & 0 \\ 0, & 0, & \dots, & 0, & \frac{\partial d_1}{\partial B_1}, & 0, & \dots, & 0 \\ \cdot & \cdot & & & & & & \\ \cdot & \cdot & \cdot & \cdot & \cdot & \cdot & \cdot & \cdot \\ 0 & 0 & \cdot & \cdot & \cdot & \cdot & \cdot & 0 \end{bmatrix}$$

Für die Berechnung der Formanten mit Hilfe des erweiterten Kalman-Filters muß man somit folgende Schritte ausführen:

(0) Festlegung der Ordnung m des Systems: Für die Formantenberechnung sollte die Anzahl der Resonatoren m zwischen 4 und 6 liegen (entspricht einem LPC-System 8. bis 12. Ordnung). Setzen der Anfangsbedingungen (diskreter Abtastzeitpunkt k=0): Setzen des Schätzvektors $\underline{x}$ in Glg. (22) mit vernünftigen Anfangswerten, beispielsweise mit 400, 1400 und 2400 für die ersten drei Formanten und 50, 70 und 120 für die ersten drei Bandbreiten.

(1) Berechnen der Resonatorkoeffizienten c_j und d_j nach (25) für j=1 bis m.

(2) Berechnung der Ableitungen der Resonatorkoeffizienten nach den Formanten und Bandbreiten mit (37).

(3) Setzen der Anfangsbedingungen (j=1) für die Rekursionsformeln (38) und (39).

(4) Setzen der Vektoren $\underline{b}_j$, $\underline{c}_j$ und $\underline{d}_j$ in (34), (35) und (36) für den aktuellen Index j. Setzen der Werte für die Vektoren $\underline{a}^*$ und $\underline{a}^{**}$ in den Glgen. (32) und (33) mit Hilfe der zur Verfügung stehenden Werte für den Vektor $\underline{a}$.

(5) Berechnung der Rekursionsformeln (38) und (39).

(6) Setzen von j=j+1 und zurück zu Schritt (4), bis j=m erreicht wird.

(7) Einsetzen der Werte für die Matrix der partiellen Ableitungen, die man aus der Rekursion (39) erhalten hat, in Glg. (28) mit den entsprechenden Werten des gemessenen Sprachsignals für die y(k-i). Auf diese Weise wird die in den Filtergleichungen benötigte Matrix C erhalten (siehe dazu Glg. (21)). Berechnung des Terms $c(\underline{a}(\underline{x}))$ nach Glg. (27) mit den aus der Rekursion (38) erhaltenen Werten für $\underline{a}$.

(8) Mit den beiden in Schritt (7) berechneten Größen werden die Kalman-Filter-Gleichungen (20) und (9) bis (11) durchgerechnet. Man erhält daraus neue Schätz-

werte für den Vektor $\hat{\underline{x}}$ und damit neue Werte für die Formanten und Bandbreiten.

(9) Setzen der diskreten Zeit k=k+1. Mit den neuen Werten für den Vektor $\hat{\underline{x}}$ zurück zu Schritt (1), bis das Ende des Sprachsignals erreicht ist.

Der Algorithmus erscheint zunächst sehr kompliziert, die einzelnen Formeln lassen sich jedoch in relativ kompakter und effektiver Form programmieren.

Die folgenden Bilder zeigen die ersten drei Formanten für das Sprachsignal des Wortes "Eins" in Bild 8, mit verschiedenen Algorithmen berechnet. Bild 22 zeigt die Berechnung der Formanten mit Hilfe des "Interactive Laboratory Systems" (ILS), einem käuflichen Softwarepaket zur Sprachanalyse. Das Verfahren beruht auf dem in Bild 16 vorgestellten Verfahren der Maxima-Suche. Man erkennt, daß die Formanten zwar exakt berechnet werden, dies ist aber nur mit dem Einsatz von Glättungstechniken möglich und es lassen sich nur die Formanten für die Vokalanteile ermitteln.

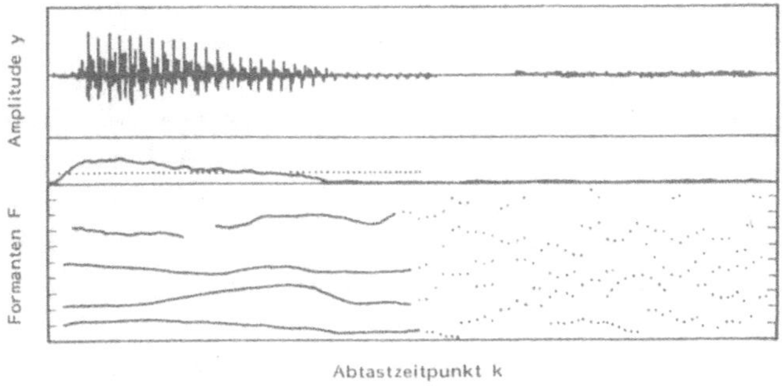

Bild 22: Die ersten drei Formanten für das Wort "Eins", mit ILS berechnet

In Bild 23 sind die Formanten mit Hilfe des Verfahrens der Polberechnung (s. Bild 18) berechnet. Die dafür nötige LPC-Analyse wurde mit Hilfe des "Autokorrelationsverfahrens" durchgeführt. Man erkennt einen ähnlichen, allerdings durchgehenden Verlauf der Formanten wie im vorhergehenden Bild, für nasale und stimmlose Anteile wird der Verlauf sehr unregelmäßig.

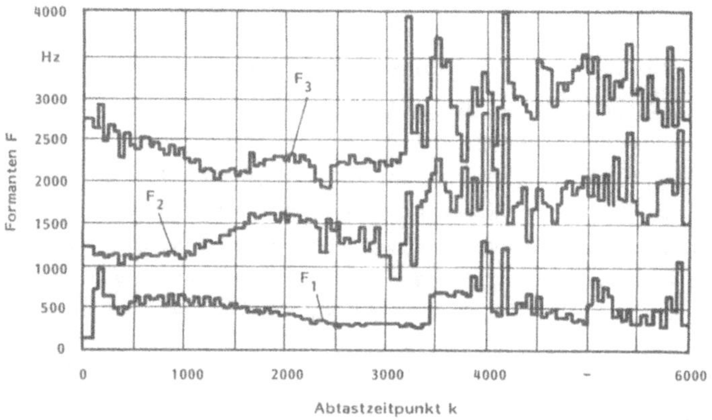

Bild 23: Die ersten drei Formanten für das Wort "Eins", mit Hilfe des Verfahrens der Polberechnung ermittelt, Nichtrekursive LPC-Analyse

Die Formanten in Bild 24 wurden nach demselben Verfahren wie in Bild 23 ermittelt, mit dem Unterschied, daß die LPC-Analyse mit einem rekursiven Verfahren durchgeführt wurde. Es zeigt sich ein entsprechend glatterer Verlauf, der sich jedoch nur bei den stimmhaften Anteilen ergibt.

Das abschließende Bild 25 zeigt die Formanten mit dem hier vorgestellten, neuen Verfahren berechnet. Die errechneten Werte für die Formanten stimmen mit denen der Standardverfahren überein. Der Verlauf ist in jedem Abschnitt sehr gleichmäßig und es ergeben sich weniger Probleme zu Beginn der Schätzung.

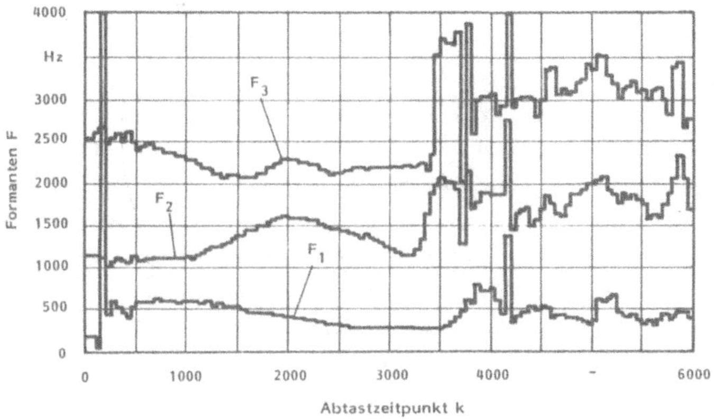

Bild 24: Die ersten drei Formanten für das Wort "Eins", mit Verfahren der Polberechnung ermittelt. Rekursive LPC-Analyse

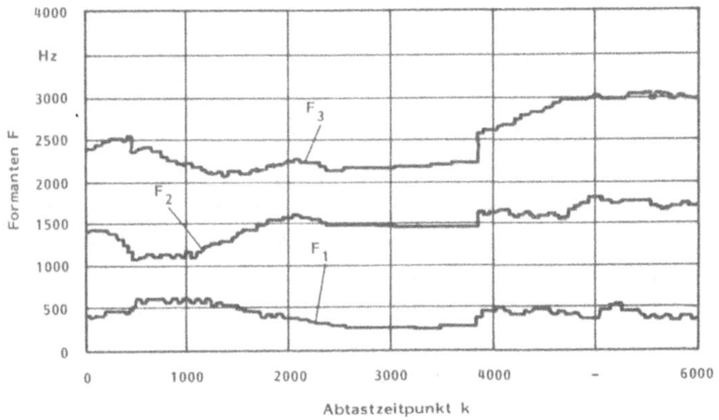

Bild 25: Die ersten drei Formanten für das Wort "Eins", mit Hilfe eines erweiterten Kalman-Filters berechnet

Abschließend lassen sich die Vor- und Nachteile des neuen Verfahrens darstellen:

Vorteile:

- o Es erfolgt eine direkte Schätzung der Parameter aus dem Sprachsignal, ohne vorhergehende Transformation in den Frequenzbereich.
- o Es handelt sich um ein mathematisch exaktes Verfahren, das keine Näherungslösungen, wie z.B. beim Verfahren der Polberechnung, verwendet.
- o Es wird ein Formantenmodell und kein LPC-Parametermodell der Sprache verwendet. Der Algorithmus versucht daher immer, die Formanten optimal zu bestimmen. Dies ist nicht identisch mit einer optimalen Bestimmung der LPC-Parameter und anschließenden Berechnung der Formanten aus den LPC-Parametern.
- o Andere Verfahren finden nicht immer alle im Sprachsignal enthaltenen Formanten, das neue Verfahren errechnet zu jedem Abtastzeitpunkt einen Satz von Formanten und Bandbreiten.
- o Es ergibt sich ein glatter und gleichmäßiger Verlauf der Formanten, wie er bei anderen Verfahren nicht oder nur mit Einsatz von speziellen Glättungsverfahren erreicht werden kann.
- o Formanten werden auch für stimmlose Laute und Nasale berechnet. Da man auch den meisten stimmlosen Lauten Formanten zuordnen kann (was beispielsweise in der Sprachsynthese geschieht), kann das neue Verfahren auch zur Analyse von stimmlosen Lauten, z.B. von Frikativen eingesetzt werden.
- o Man kann den Algorithmus auch so programmieren, daß keine Divisionen auszuführen sind. Dies würde das Verfahren interessant für die Implementierung auf schnellen Signalprozessoren machen.

Nachteile:

- o Es ergibt sich ein höherer Rechenaufwand, verglichen mit den Standardverfahren. Die Rechenzeit ist ca. 4 bis 5 mal so lang wie bei einer gewöhnlichen LPC-Analyse. Bei der Simulation auf einem Minicomputer bei Mehrbenutzerbetrieb bedeutet dies eine Rechenzeit von einigen Minuten pro Sekunde Sprache.
- o Die Schätzung der Formanten ist abhängig von der angesetzten Ordnung des Systems. Wird bei einem Sprachsignal, das vier Formanten enthält, eine Ordnung von m=6 angesetzt, werden automatisch zwei überflüssige Formanten mitgeschätzt, um die angesetzte Ordnung mathematisch zu erfüllen. Bei dem Verfahren der Maxima-Suche würde man in diesem Fall tatsächlich nur vier Peaks entdecken und somit keinen Fehler machen.

3.4 Ermittlung phonetischer Parameter mit Hilfe wahrscheinlichkeitstheoretischer und statistischer Verfahren

In den vorhergehenden Abschnitten wurden vorwiegend Methoden untersucht, die die Bestimmung von Parametern verbessern, die zur Repräsentation eines gesamten Wortes verwendet werden. In diesem Abschnitt soll der Einsatz von systemtheoretischen Verfahren für Spracherkennungsmethoden untersucht werden, die auf phonetischen Merkmalen basieren. Bei der Untersuchung von rein LPC-basierten Spracherkennungsalgorithmen wurde festgestellt, daß falsch erkannte Worte oft eine phonetisch völlig unterschiedliche Struktur im Vergleich zu dem Wort aufweisen, das eigentlich hätte erkannt werden sollen. Es kann beispielsweise vorkommen, daß anstelle des zu erkennenden Wortes, das nur aus stimmhaften Segmenten besteht, ein Wort als richtig erkannt wurde, das neben stimmhaften Segmenten auch nasale Laute enthält. Das "richtige" Wort wird dabei oft als zweit- oder drittbester Kandidat berechnet. Könnte man die nasalen Anteile erkennen, hätte man dieses falsche Wort eventuell schon relativ früh aus dem Erkennungsprozeß ausschließen können. Aus den in dieser Arbeit gemachten Erfahrungen haben sich folgende Anforderungen an die Ermittlung phonetischer Parameter ergeben:

- Die Extraktion phonetischer Parameter sollte sich auf die Erkennung von einfachen Lautklassen beschränken. Es ist nicht sinnvoll, möglichst viele verschiedene Lautklassen erkennen zu wollen, wenn sich diese dann nicht mehr zuverlässig bestimmen lassen. Insbesondere bei der sprecherunabhängigen Erkennung sollte dies berücksichtigt werden.
- Ein wahrscheinlichkeitstheoretischer Ansatz ist einem deterministischen Ansatz vorzuziehen. Würde man in dem vorhergehenden Beispiel fälschlicherweise nasale Segmente entdecken und das Wort daraufhin aus dem Erkennungsprozeß vollständig ausschließen, so wäre dieser Fehler irreparabel. Kann man eine Aussage darüber machen, mit welcher Wahrscheinlichkeit man nasale Segmente festgestellt hat, so ist es möglich, dem Wort bei dem Erkennungsprozeß eine entsprechende Wahrscheinlichkeit zuzuordnen, die es zu einem mehr oder weniger sicheren Kandidaten für die Erkennung macht.

Als zu identifizierende Lautklassen wurden gewählt: stimmhaft, stimmlos, nasal und Sprachpause (tritt bei Verschlußlauten auf). Die stimmhaften Laute wurden entsprechend ihrer Artikulation in vier weitere Klassen aufgeteilt, so daß insgesamt sieben Lautklassen zu identifizieren waren. Zur Bestimmung der Lautklassen wurden verschiedene Parameter aus dem Sprachsignal extrahiert. Mit statistischen Verfahren wurde die Verteilung dieser Parameter für die verschiedenen Lautklassen ermittelt. Werden für ein Sprachsegment die betreffenden Parameter berechnet, so lassen sich aus den

Verteilungsfunktionen die Wahrscheinlichkeiten bestimmen, mit denen das vorliegende Sprachsegment den verschiedenen Lautklassen angehört. Diese Wahrscheinlichkeiten werden als Ausgangsparameter des Verfahrens betrachtet, die in der später folgenden Wortklassifizierung ausgewertet werden.

3.4.1 Unterscheidung der Lautklassen stimmhaft/stimmlos/nasal/Pause

Zur Untersuchung dieser Lautklassen wird das Sprachsignal zunächst in Zeitfenster (typische Länge 5-10 ms) aufgeteilt. Für jedes Zeitfenster (Segment) werden aus dem Sprachsignal größtenteils einfach zu ermittelnde Parameter berechnet, die von Segment zu Segment verschiedene Größen annehmen können. Betrachtet man eine große Anzahl von Segmenten, so ergibt sich dadurch eine gewisse Verteilung der Parameter, die man z.B. durch die Mittelwerte und die Standardabweichungen beschreiben kann. Wählt man die Parameter so, daß die gleichen Parameter für verschiedene Lautklassen im Schnitt stark voneinander abweichen, so erhält man für jede Lautklasse eine charakteristische Verteilungsfunktion für diese Parameter. Es wurde gezeigt (/2/), daß man für diese charakteristische Verteilungsfunktion eine mehrdimensionale Gauß'sche Normalverteilung ansetzen kann, für die gilt:

$$g(\underline{z},K) = (2\pi)^{-L/2} \cdot |C_K|^{-1/2} \cdot \exp(-\frac{1}{2}\cdot(\underline{z} - \underline{m}_K)^T \cdot C_K^{-1} \cdot (\underline{z} - \underline{m}_K)) \qquad (40)$$

Dabei ist L die Anzahl der betrachteten Parameter, $\underline{z}$ der berechnete Parametervektor für ein Segment, K ist die betrachtete Klasse (z.B. stimmhaft/stimmlos...), $\underline{m}_K$ ist der Vektor der Mittelwerte der Parameter, C_K die Kovarianzmatrix der Parameter für die jeweilige Klasse und $|C_K|$ die entsprechende Determinante. Die Kovarianzmatrix und die Mittelwerte müssen mit Hilfe eines aufwendigen Verfahrens ermittelt werden (siehe dazu /2/), bei dem man für jede Klasse eine große Anzahl N von Sprachsignalsegmenten selektiert und die Parametervektoren $\underline{z}$ für jedes Segment berechnet. Es ergibt sich dann:

$$\underline{m}_K = \frac{1}{N_K} \cdot \sum_{n=1}^{N_K} \underline{z}(n) \quad , \quad C_K = \frac{1}{N_K} \cdot \sum_{n=1}^{N_K} \underline{z}(n) \cdot \underline{z}(n)^T - \underline{m}_K \cdot \underline{m}_K^T \qquad (41)$$

Die statistische Auswertung wurde im Rahmen dieser Arbeit mit dem in Bild 7 vorgestellten Wortschatz durchgeführt. Dazu wurden die Sprachsignale mit Hilfe von selbst erstellten graphischen Hilfsmitteln von Hand in die betreffenden Lautklassen segmentiert und für jedes Zeitfenster der Segmente wurde ein Parametervektor $\underline{z}$ aus dem Sprachsignal in dem Zeitfenster berechnet. Auf die Form des Vektors $\underline{z}$ wird in den nächsten Seiten ausführlich eingegangen. Auf diese Weise erhielt man für jede Lautklasse für das dortige erste Zeitfenster den Vektor $\underline{z}(1)$, für das zweite Zeitfenster $\underline{z}(2)$ u.s.w.. Für die verschiedenen Lautklassen wurde jeweils folgende Anzahl von Zeitfenstern (Abschnitten) ausgewertet:

stimmhafte Abschnitte	706
stimmlose Abschnitte	324
nasale Abschnitte	298
Pausenabschnitte	208

Insgesamt wurden somit 1536 Zeitfenster ausgewertet. Für jede Klasse wurde dann Gleichung (41) unter Verwendung der ermittelten Parametervektoren $\underline{z}$ angewendet und so die entsprechenden Kovarianzmatrizen und Mittelwertsvektoren berechnet. Im folgenden sollen die verwendeten Parameter dargestellt werden und ihre Tauglichkeit für die beabsichtigte Lautklassenunterscheidung anhand der sich ergebenden Verteilungsfunktionen demonstriert werden. Als Abkürzung für die Lautklassen wurde dabei gewählt: v für stimmhaft (voiced), u für stimmlos (unvoiced), n für nasal und s für Pause (silence).

1. Zahl der Nulldurchgänge in einem Segment (Zero-Crossing)

Dieser Parameter ist sehr einfach zu ermitteln und wird oft bei Spracherkennungsproblemen betrachtet. Bild 26 zeigt die entsprechenden Verteilungen. Die Tatsache, daß dabei bei der Lautklasse "Pause" eine höhere Nulldurchgangsrate als z.B. bei stimmhaften Lauten auftritt, läßt sich dadurch erklären, daß die Lautklasse "Pause" durch die Verschlußphase von Verschlußlauten entsteht und somit keine wirkliche Pause in der Produktion der Sprache ist.

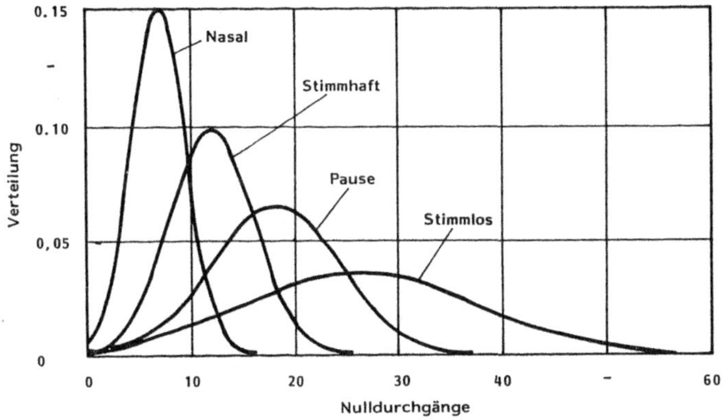

Bild 26: Verteilung der Nulldurchgangsrate für verschiedene Lautklassen

2. Nulldurchgangsrate des differenzierten Signals

Im Rahmen dieser Arbeit durchgeführte Untersuchungen haben gezeigt, daß die Betrachtung der Nulldurchgangsrate des differenzierten Signals y(k)-y(k-1) weiter verwertbare Ergebnisse liefern kann. Betrachtet man die Bilder 26 und 27, so läßt sich folgende Aussage machen: Stimmhafte Laute besitzen eine relativ niedrige Nulldurchgangsrate sowohl beim differenzierten als auch beim undifferenzierten Signal. Für beide Signalarten ist dieser Parameter groß bei stimmlosen Lauten. Die nasalen Laute lassen sich von den anderen zwei Klassen dadurch unterscheiden, daß sie eine sehr niedrige Nulldurchgangsrate des undifferenzierten Signals aufweisen, aber eine höhere Nulldurchgangsrate als nichtnasale, stimmhafte Laute beim differenzierten Signal besitzen.

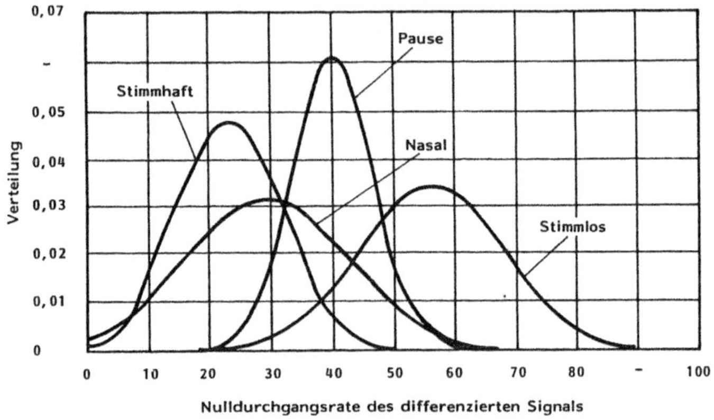

Bild 27: Nulldurchgangsrate des differenzierten Signals für verschiedene Lautklassen

3. Logarithmierte quadratische Signalenergie

Für ein Segment mit M Abtastwerten berechnet sich dieser wichtige Parameter aus dem Sprachsignal y(k) zu:

$$E = 10 \cdot \lg \left(\frac{1}{M} \cdot \sum_{k=1}^{M} y^2(k) \right) \qquad (42)$$

Für stimmhafte Laute ist dieser Wert am größten, stimmlose Laute besitzen einen durchschnittlich niedrigeren Wert, der für nasale Segmente aufgrund der geringen Signalamplitude noch etwas kleiner ist. Am deutlichsten läßt sich mit diesem Parameter eine Sprachpause erkennen (s. Bild 28).

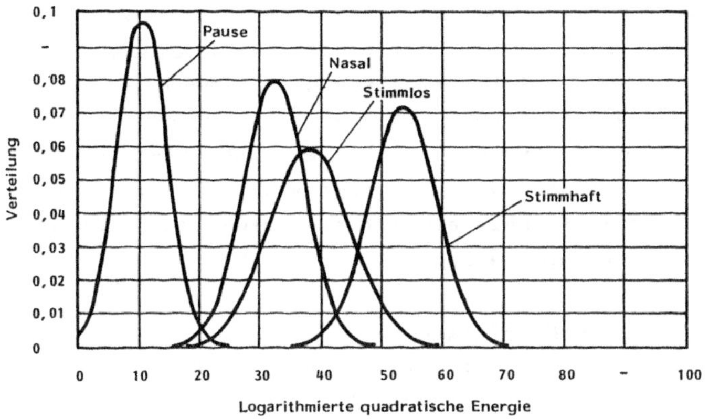

<u>Bild 28</u>: Verteilung der logarithmierten Signalenergie für verschiedene Lautklassen

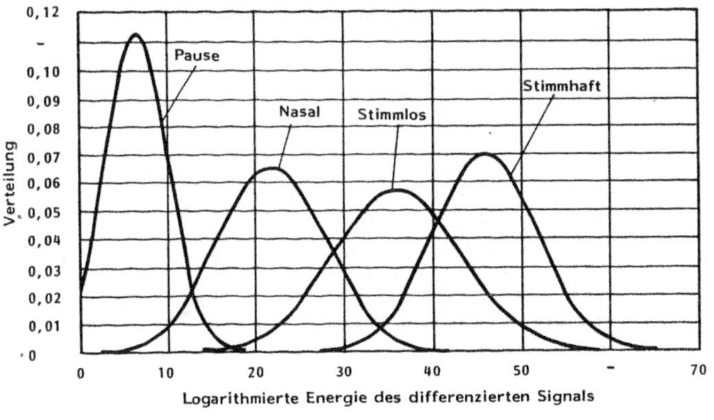

<u>Bild 29</u>: Verteilung der logarithmierten Energie des differenzierten Signals für verschiedene Lautklassen

<u>4. Logarithmierte Energie des differenzierten Sprachsignals</u>

Dieser Wert berechnet sich analog zum vorhergehenden Parameter, mit dem Unterschied, daß anstelle des Signals $y(k)$ das differenzierte Signal y(k)-y(k-1) auftritt. Bild 29 zeigt auf den ersten Blick ähnliche Resultate wie bei der normalen Signalernergie, vergleicht man die Bilder 28 und 29 genauer, so erkennt man, daß die Signalenergie stimmhafte und stimmlose Segmente besser trennt als die Energie des differenzierten Signals, diese jedoch die nasalen Segmente besser von den stimmlosen Segmenten unterscheidet. Die Betrachtung des differenzierten Signals erweist sich somit auch für den Energieparameter als vorteilhaft.

5. Erster LPC-Koeffizient

Der erste LPC-Koeffizient (System 4. Ordnung) ist betragsmäßig relativ groß für stimmhafte und nasale Laute. Er trennt diese Lautklassen besonders von den stimmlosen Lauten, deren 1. LPC-Koeffizient meistens zwischen -1 und 0 liegt (s. Bild 30).

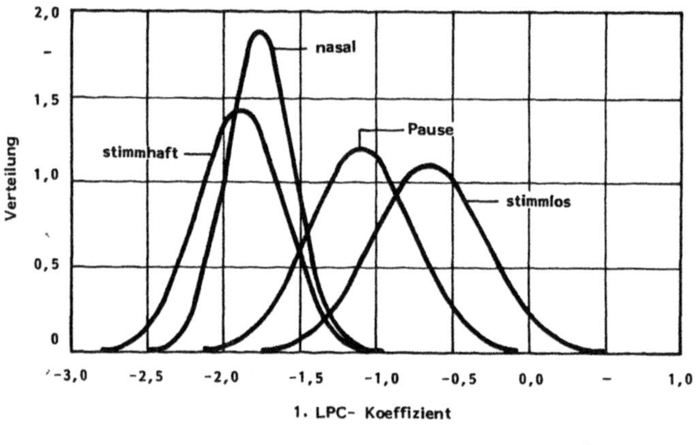

Bild 30: Verteilung des 1. LPC-Koeffizienten für verschiedene Lautklassen

6. Normierter Autokorrelationskoeffizient

Dieser Parameter berechnet sich für ein Segment mit M Abtastwerten mit Hilfe der Formel:

$$R(n) = \frac{\sum_{k=1}^{M} y(k)\cdot y(k-n)}{\sqrt{\left(\sum_{k=1}^{M} y^2(k)\right)\cdot\left(\sum_{k=1-n}^{M-n} y^2(k)\right)}} \tag{43}$$

Betrachtet wird der Wert R(1), der nur zwischen Null und Eins liegen kann. Ist das Sprachsignal einem Rauschprozeß ähnlich, so liegt kaum eine Korrelation zwischen der momentanen Amplitude und der Amplitude des vorhergehenden Abtastwertes vor. R(1) wird somit näher bei Null liegen. Bei gleichmäßiger verlaufenden Signalen wird R(1) umgekehrt näher bei Eins liegen. Die Bestätigung erhält man in Bild 31: Für stimmhafte Laute und besonders für Nasale erhält man einen großen Wert für R(1) (größer 0.9). Der Wert ist für stimmlose Laute meistens wesentlich geringer, streut aber stark zwischen 0.1 und 0.9.

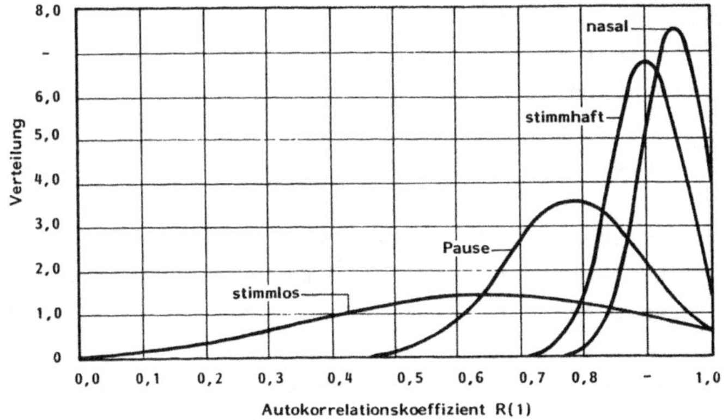

Bild 31: Verteilung des normierten Autokorrelationskoeffizienten für verschiedene Lautklassen

Wird für ein unbekanntes Sprachsegment der Parametervektor $\underline{z}$ aus den oben beschriebenen Größen berechnet, so gilt aufgrund der Verteilungsfunktion in (40) für die Wahrscheinlichkeit dieses Vektors unter der Bedingung, daß das entsprechende Segment der Klasse K angehört:

$$p(\underline{z}|K) = g(\underline{z},K) \tag{44}$$

Mit Hilfe des Bayes'schen Satzes gilt für die Wahrscheinlichkeit der Klasse K unter der Bedingung, daß der Parametervektor $\underline{z}$ auftritt:

$$p(K|\underline{z}) = \frac{p(K)\cdot p(\underline{z}|K)}{\sum_I p(I)\cdot p(\underline{z}|I)} = \frac{p(K)\cdot g(\underline{z},K)}{\sum_I p(I)\cdot g(\underline{z},I)} \tag{45}$$

Dabei tritt zusätzlich die Apriori-Wahrscheinlichkeit p(K) auf, die beschreibt, mit welcher Wahrscheinlichkeit die betreffende Klasse auftreten kann. Diese Wahrscheinlichkeit kann abgeschätzt werden, wenn man den betreffenden Wortschatz in Bild 7 betrachtet. Anhand der Häufigkeit der hier betrachteten Lautklassen in diesem Wortschatz wurden folgende Apriori-Wahrscheinlichkeiten ermittelt:

$$p(K=v) = 0.6 \quad p(K=u) = 0.2 \quad p(K=n) = 0.15 \quad p(K=s) = 0.05$$

Die in Gleichung (45) berechnete Klassenwahrscheinlichkeit ist die Ausgangsgröße, die für die Weiterverarbeitung in der Klassifizierung, die im nächsten Kapitel beschrieben wird, verwendet wird. Bild 32 zeigt die errechneten Wahrscheinlichkeiten der Klassen stimmhaft/stimmlos/nasal und Pause entlang des Sprachsignals für das Wort "Eins", die mit Hilfe des hier vorgestellten Verfahrens berechnet wurden.

Die Summe der Wahrscheinlichkeiten in den unteren 4 Teilbildern ist zu jedem Zeitpunkt k gleich Eins. Anhand der Bilder läßt sich erkennen, daß das beschriebene Verfahren recht zuverlässig arbeitet, insbesondere werden auch die relativ schwierig zu erkennenden nasalen Segmente sicher erkannt. Auffallend ist, daß die berechneten Wahrscheinlichkeiten oft für eine Klasse immer sehr in der Nähe von Eins liegen und entsprechend für die anderen Klassen fast Null sind. Dies ist oft auch dann der Fall, wenn die Wahrscheinlichkeiten fehlerhaft berechnet werden, wie z.B. für die Lautklasse "nasal" im letzten Teil des Sprachsignals.

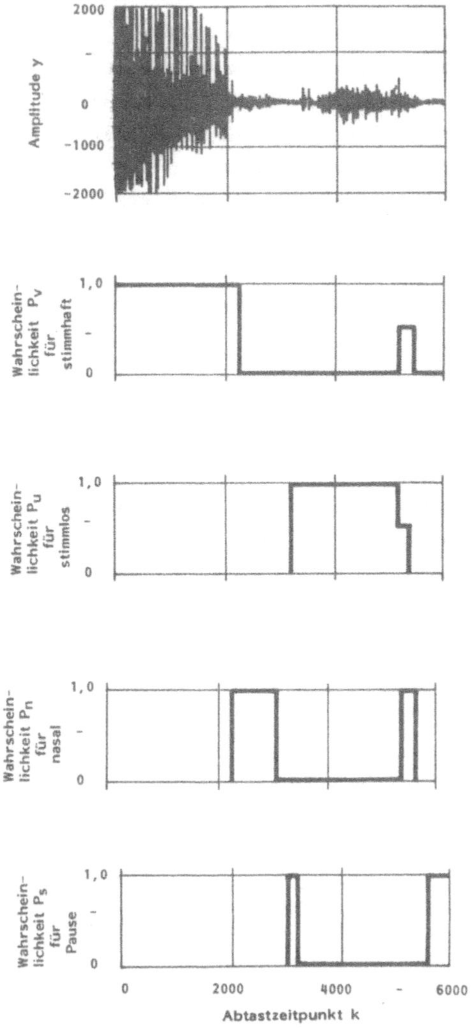

Bild 32: Sprachsignal und Lautklassenwahrscheinlichkeiten für "Eins"

Es kann jedoch auch vorkommen, daß die entsprechend berechneten Wahrscheinlichkeiten gleichmäßiger zwischen Null und

Eins verteilt sind. Zusammenfassend läßt sich sagen, daß eine zuverlässige Unterscheidung dieser vier relativ einfachen Lautklassen eine wesentliche Unterstützung des Erkennungsprozesses darstellt. Da dieses Verfahren ohnehin auf der statistischen Auswertung vieler Sprachsegmente basiert, kann man zur Auswertung Segmente verschiedener Sprecher verwenden. Die Sprecherunterschiede lassen sich dann ebenfalls in den Kovarianzmatrizen festhalten, so daß dieses Verfahren in der Lage ist, bei entsprechendem Trainingsaufwand die Lautklassen sprecherunabhängig zu bestimmen.

3.4.2 <u>Vokalklassifizierung</u>

Die Vokale lassen sich aufgrund der Zungenstellung bei ihrer Artikulation in verschiedene Klassen aufteilen. Dies läßt sich am besten mit Hilfe des Vokalvierecks in <u>Bild 33</u> darstellen (vgl. /49/).

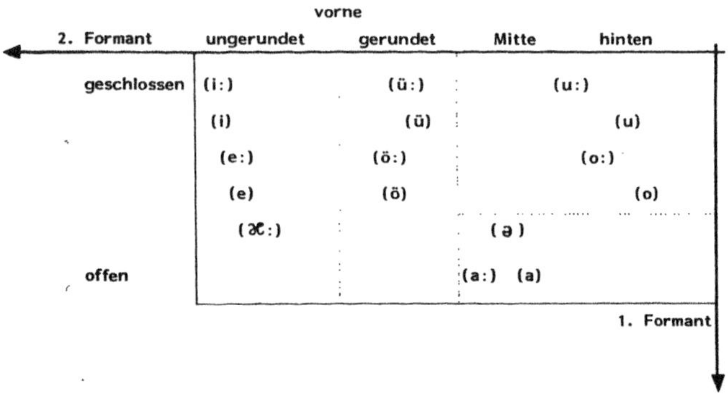

<u>Bild 33</u>: Vokalviereck für deutsche Vokale

Danach lassen sich die Vokale in einem Raum anordnen, der durch die horizontale und die vertikale Position der Zunge aufgespannt ist. So befindet sich beispielsweise die Zunge bei der Artikulation des Vokals [i:] wie in dem Wort L<u>ie</u>d relativ weit vorne im Mund in einer hohen Position. Die Lippen sind dabei ungerundet. Die Anordnung der Vokale im Vokalviereck entspricht auch exakt der Anordnung, die sich in einem Koordinatensystem ergibt, das durch den ersten und zweiten Formanten (wie ebenfalls in <u>Bild 33</u> dargestellt) gebildet wird. Die ersten zwei Formanten eines Vokals enthalten somit die direkte Information über die Artikulation des Lautes. Dies ist einer der Hauptgründe, weshalb die Formanten eine der wichtigsten phonetischen Merkmale sind. Das Vokalviereck läßt sich in vier wesentliche Klassen aufteilen, die in <u>Bild 33</u> bereits markiert sind. Klasse "f" stellt die Vokale mit der Zungenposition "vorne" (<u>f</u>ront) dar, Klasse "r" beinhaltet die Vokale mit der Zungenposition "vorne" und dazu gerundeten Lippen (<u>r</u>ound). Klasse "o" enthält die Vokale, die mit offener Mundstellung gebildet werden (<u>o</u>pen) und Klasse "b" enthält die weiter hinten gebildeten Vokale (<u>b</u>ack). Zur Unterscheidung dieser Klassen bieten sich zunächst die Werte des ersten und des zweiten Formanten an. Da diese Werte jedoch speziell bei unterschiedlichen Sprechern stark streuen können, liegt eine statistische Auswertung wie in Abschnitt 3.4.1 nahe, die analog zu der dortigen Auswertung mit demselben Sprachmaterial durchgeführt wurde, wobei hier nur die stimmhaften Abschnitte berücksichtigt wurden. Da in Abschnitt 3.4.1 sehr gute Erfahrungen mit der Verwendung von Parametervektoren und deren mehrdimensionale Verteilung gemacht wurden, wurde auch bei der Vokalklassifizierung eine Verwendung mehrerer unterschiedlicher Parameter zur Verbesserung des Verfahrens untersucht. Die Ergebnisse führten zur Verwendung von 6 Parametern zur Vokalunterscheidung.

<u>1. u. 2. Erster und zweiter Formant</u>

Die Bedeutung dieser zwei wichtigsten Merkmale wurde bereits dargestellt. <u>Bild 34</u> stellt das Ergebnis der statistischen Auswertung in der F_2 - F_1 - Ebene dar. Die Mittelpunkte der Ellipsen sind die errechneten Mittelwerte für die jeweiligen Klassen, die Halbachsen stellen die Standardabweichungen dar.

Man erkennt, daß eine Überlappung bei den Klassen "vorne" und "gerundet" erfolgt, was sich durch die sehr ähnliche Artikulationsstellung erklären läßt.

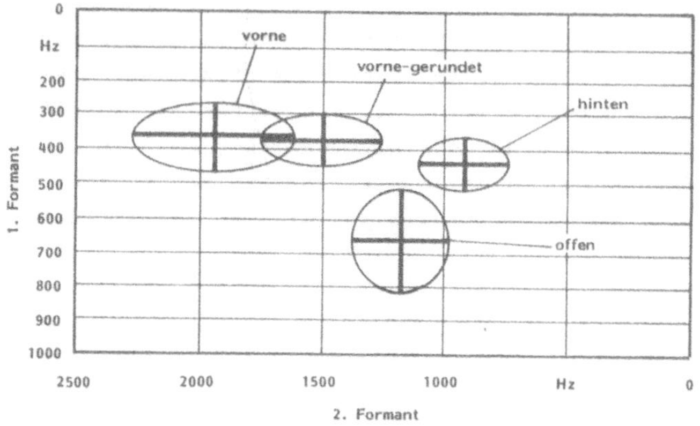

Bild 34: Verteilung des 1. und 2. Formanten für verschiedene Vokalklassen

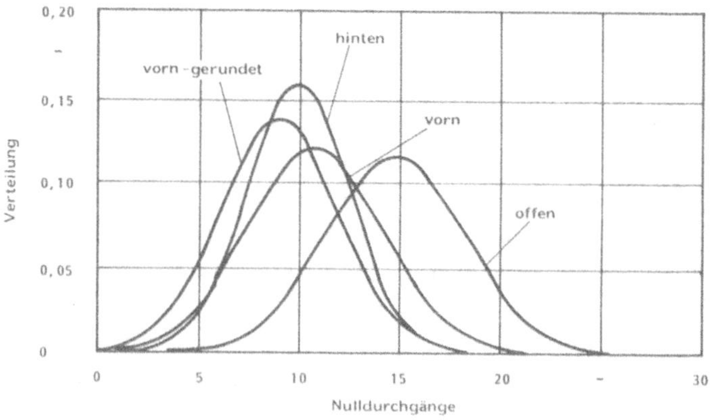

Bild 35: Verteilung der Nulldurchgangsrate für verschiedene Vokalklassen

3. Nulldurchgänge

Dieser Parameter wurde bereits für die Unterscheidung stimmhaft/stimmlos/nasal/Pause verwendet. Innerhalb der stimmhaften Laute läßt er sich noch zur weiteren Unterscheidung verwenden. Dies wird in Bild 35 verdeutlicht, in dem sich die Klasse "offen" mit einer im Schnitt höheren Nulldurchgangsrate von den übrigen Klassen absetzt.

4. Nulldurchgänge des differenzierten Signals

Auch dieser Parameter wurde in Abschnitt 3.4.1 bereits verwendet. Bild 36 macht deutlich, daß sich mit ihm besonders Vorderzungenvokale ("vorne") identifizieren lassen, bei denen dieser Parameter einen deutlich höheren Wert besitzt.

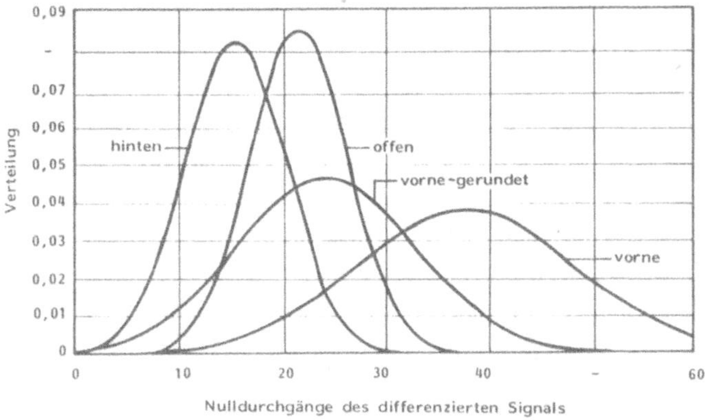

Bild 36: Verteilung der Nulldurchgangsrate des differenzierten Signals für verschiedene Vokalklassen

5. Steigungsvorzeichenwechsel in der maximalen Halbwelle

Die Bedeutung dieses Parameters läßt sich aus der Tatsache ableiten, daß das Sprachsignal im Zeitbereich für verschiedene Vokalklassen eine verschiedene Form besitzt. Ein Beispiel dafür ist in Bild 37 gegeben. Links ist ein kurzer Ausschnitt aus dem Sprachsignal für das Wort "Eins" in der ersten Hälfte des Diphtongs gegeben. Dieses Segment gehört der Klasse "offen" an. Rechts ist ein Ausschnitt aus der zweiten Hälfte des Diphtongs zu sehen, der der Klasse "vorne" zuzurechnen ist. Betrachtet man jeweils die maximale Halbwelle der beiden Ausschnitte, so ist links in dieser Halbwelle nur ein Vorzeichenwechsel der Steigung erkennbar, während rechts die Steigung zuerst positiv, dann negativ, danach wieder sehr kurz positiv und zuletzt wieder negativ wird, insgesamt also drei Vorzeichenwechsel vorliegen.

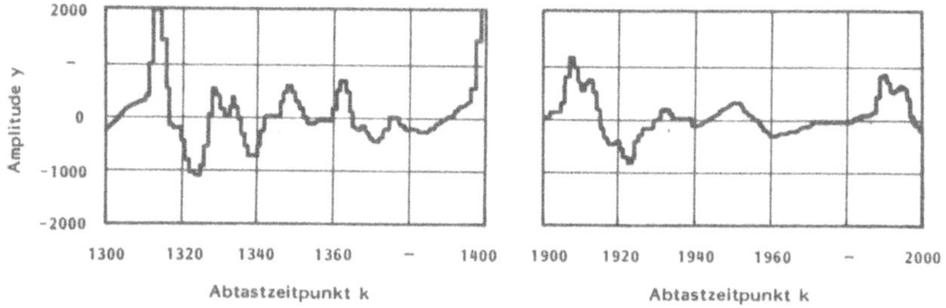

Bild 37: Zeitlicher Verlauf verschiedener Vokalsignale

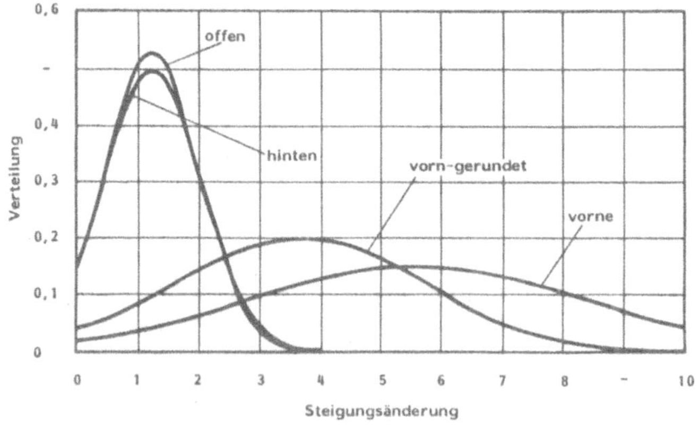

Bild 38: Verteilung des Steigungsvorzeichenwechsels in der maximalen Halbwelle für verschiedene Vokalklassen

Bild 38 zeigt, daß diese Verhältnisse systematisch für verschiedene Vokalklassen auftreten. Die zwei Klassen "vorne" und "gerundet" setzen sich dabei von den übrigen Klassen ab.

6. Normierter Autokorrelationskoeffizient

Dieser Parameter wurde ebenfalls schon in Abschnitt 3.4.1 verwendet. Aus der Verteilung in Bild 39 ist zu erkennen, daß er die Klassen "hinten" und "gerundet" von den Klassen "vorne" und "offen" trennt.

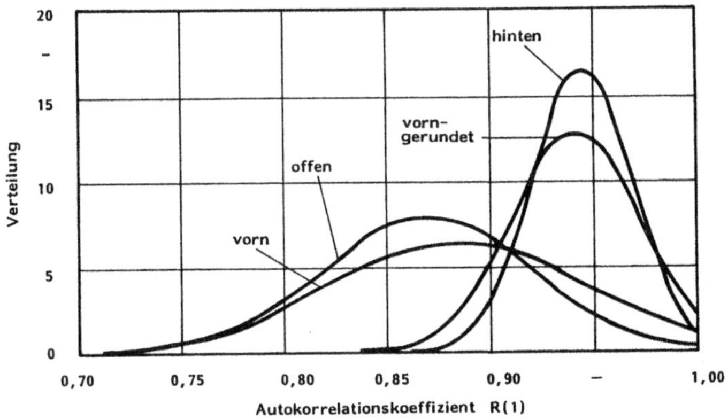

Bild 39: Verteilung des normierten Autokorrelationskoeffizienten R(1) für verschiedene Vokalklassen

Sehr bedeutsam ist die Tatsache, daß jeder der hier vorgestellten Parameter die betrachteten Vokalklassen in verschiedener Weise voneinander trennt. Durch die Betrachtung des gesamten Parametervektors und besonders mit Hilfe der ermittelten Kovarianzen ergibt sich dadurch eine relativ zuverlässige Vokalklassifizierung, die jedoch nicht ganz so sicher wie die Unterscheidung der Lautklassen in Abschnitt 3.4.1 arbeitet. Insbesondere während der Lautübergänge ergeben sich Fehler, die sich dadurch erklären lassen, daß die zwei wichtigsten hier verwendeten Parameter, die ersten zwei Formanten, stark von Koartikulationseffekten beeinflußt werden können. Aufgrund des hier gewählten wahrscheinlichkeitstheoretischen Ansatzes, der auch im folgenden Kapitel bei der Wortklassifizierung beibehalten wird, machen sich diese Koartikulationseffekte jedoch nicht zu negativ bemerkbar.

Die Berechnung der Vokalklassenwahrscheinlichkeiten erfolgt analog zu Abschnitt 3.4.1 mit Glg. (45). Da nur Segmente zur Vokalunterscheidung verwendet werden, die vorher als "stimmhaft" klassifiziert worden sind, werden die erhaltenen Vokalklassenwahrscheinlichkeiten noch mit der berechneten Wahrscheinlichkeit für "stimmhaft" multipliziert. Man erhält dann insgesamt sieben Lautklassenwahrscheinlichkeiten, nämlich für die Klassen "stimmlos", "nasal", "Pause", "vorne", "hinten", "gerundet" und "offen", deren Summe gleich Eins ist.

3.5 Zusammenfassung

In diesem Kapitel wurden Methoden zur Merkmalsextraktion aus dem Sprachsignal untersucht, die vorwiegend auf modernen systemtheoretischen Algorithmen basieren. Im ersten Teil wurde zunächst die bekannte LPC-Analyse als ein Verfahren der Systemidentifikation dargestellt und dann alternative Verfahren zur Berechnung der LPC-Parameter mit Hilfe rekursiver Techniken, insbesondere der Kalman-Filtertechnik untersucht. Dabei wurde festgestellt, daß diese Methoden besser geeignet sind, die Zeitvarianz des Vokaltrakts zu berücksichtigen. Die Kalman-Filtertechnik wurde danach auf die direkte Berechnung der Formanten aus dem Sprachsignal übertragen und es wurde gezeigt, daß dieses neue Verfahren zur Formantenberechnung einige Vorteile gegenüber den Standardverfahren aufweist. Mit den Formanten als Parameter, die wichtige phonetische Informationen enthalten, erfolgte der Übergang zur Ermittlung phonetischer Merkmale aus dem Sprachsignal. Dabei wurde ein wahrscheinlichkeitstheoretischer Ansatz gewählt, der auf der mehrdimensionalen Verteilung verschiedener Parameter für unterschiedliche Lautklassen basiert. Es wurde dargestellt, wie die einzelnen Parameter die verschiedenen Lautklassen voneinander abheben, und wie aus den statistisch ermittelten Verteilungsfunktionen die Lautklassenwahrscheinlichkeiten für ein unbekanntes Sprachsegment ermittelt werden können.

4 Abstandsmaße und Wortklassifizierung

Dieses Kapitel beschäftigt sich mit Methoden, mit denen die Unterscheidung der Wörter durch ein Abstandsmaß auf der Basis der in Kapitel 3 vorgestellten Merkmale durchgeführt werden kann und wie man mit Hilfe dieser Abstandsmaße und einem Referenzwortschatz Wörter klassifiziert.

Die Merkmale werden üblicherweise für jedes Zeitfenster eines unterteilten Sprachsignals berechnet. Möchte man ein Maß für den Abstand zwischen zwei Wörtern finden, treten hauptsächlich zwei Probleme auf:

1. Wie kann man den Abstand von zwei korrespondierenden Segmenten zweier Sprachsignale, die durch bestimmte Merkmale charakterisiert sind, bestimmen ?
2. Wie findet man bei zwei Sprachsignalen, die mit verschiedener Länge und mit unterschiedlichem Sprachrythmus aufgezeichnet wurden, die korrespondierenden Segmente ?

Zu beiden Problemen wurde bereits eine Vielzahl von Forschungsarbeiten durchgeführt (siehe /20,37,39,45,46/). Dabei hat sich gezeigt, daß das zweite Problem bei der Einzelworterkennung relativ befriedigend mit Hilfe einer Zeitnormierung der Sprachsignale zu lösen ist.

4.1 Zeitnormierung

Die Methoden der Zeitnormierung sollen an dieser Stelle nur kurz erläutert werden, da sie bereits lange bekannt sind und praktisch in jedem Einzelworterkennungssystem angewendet werden. Sie sind für diese Arbeit deshalb interessant, da zur Lösung dieser Probleme systemtheoretische Verfahren Anwendung gefunden haben. Betrachtet wird der Verlauf eines beliebigen

Parameters oder Parametervektors von Zeitfenster 1 bis zum letzten Zeitfenster K eines zu klassifizierenden Sprachsignals. Der Zeitfensterindex ist dabei k. Dieser Parameterverlauf soll mit dem Parameterverlauf eines Referenzsignals verglichen werden, der sich von Zeitfenster 1 bis Zeitfenster L mit dem Fensterindex l erstreckt. Das Problem ist, eine Funktion W zu finden,

$$k = W(l) \tag{46}$$

die jedem Fensterindex l des Referenzmusters einen korrespondierenden Fensterindex k des Testmusters zuweist. Wird ein Index l mehrmals demselben Index k zugewiesen, so wird an dieser Stelle das Testmuster zusammengepresst, im umgekehrten Fall wird es gedehnt. Auf diese Weise wird jedem Fenster des Testmusters ein korrespondierendes Fenster des Referenzmusters zugewiesen und für die beiden Fenster kann daraufhin ein Abstandsmaß berechnet werden. Der Gesamtabstand ist dann in den meisten Fällen die Summe der einzelnen Fensterabstände.

4.1.1 <u>Lineare Zeitnormierung</u>

Das Testmuster wird in diesem Fall linear auf die Länge des Referenzmusters normiert. Die lineare Gleichung für W lautet in diesem Fall (/44/):

$$k = W(l) = (l-1)\cdot\frac{K-1}{L-1} + 1 \tag{47}$$

Die lineare Normierung ist sehr einfach auszuführen. Bei ihr ergibt sich jedoch das Problem, daß die Zuordnung der Zeitfenster für gleiche Wörter nur dann gut funktioniert, wenn diese Wörter auch im selben Rythmus gesprochen worden sind. Dies kann man jedoch allenfalls bei Äußerung durch denselben Sprecher vorraussetzen. Da verschiedene Sprecher die einzelnen Laute verschieden lang aussprechen, macht dies eine nichtlineare Zeitnormierung erforderlich.

4.1.2 Nichtlineare Zeitnormierung mit Hilfe der dynamischen Programmierung

Bei der nichtlinearen Zeitnormierung wird anstelle der linearen Beziehung für W eine unstetige Funktion gewählt. Der Verlauf dieser Funktion wird mit Hilfe der dynamischen Programmierung ermittelt, einem von Bellman /6/ entwickelten Optimierungsalgorithmus (vgl. Abschnitt 2.4). Aus diesem Grund soll der Algorithmus in Form eines systemtheoretischen Optimierungsproblems formuliert werden.

Für die Funktion W läßt sich folgender allgemeiner Ansatz machen:

$$k(l+1) = k(l) + u(l) , \qquad \text{mit } u(l) = 0,1,2... \tag{48}$$

$$\text{Anfangsbedingung: } k(1) = 1 \tag{49}$$
$$\text{Endbedingung : } k(L) = K$$

Der zeitliche Verlauf der "Steuergröße" u(l) muß dabei so gewählt werden, daß ein Funktional J minimiert wird. Bezeichnet man $\underline{a}(k)$ als Parametervektor, der das Testmuster beschreibt, $\underline{b}(l)$ als entsprechenden Referenzvektor und D als Abstandsfunktion für den spektralen Abstand von zwei Zeitfenstern, so lautet die Forderung für das Funktional:

$$J = \sum_{l=1}^{L} D(\underline{b}(l), \underline{a}(W(l))) \overset{!}{=} \text{Min} \tag{50}$$

Der optimale Verlauf der Größe u(l) wird mit Hilfe der dynamischen Programmierung für jeden Index l bestimmt. Das Verfahren ist mittlerweile (jedoch nicht in dieser Formulierung) so weit verbreitet, daß eine weitere Erläuterug der Einzelheiten nicht mehr im Rahmen dieser Arbeit erfolgen soll (siehe dazu z.B. /45/).

Die dynamische Programmierung wurde in vielen Experimenten im Rahmen der vorliegenden Arbeit angewendet. Sie stellt ein nahezu unverzichtbares Instrument in der automatischen Einzelworterkennung dar.

4.2 Abstandsmaße für LPC-Parameter

Die Struktur von Einzelworterkennungssystemen, die auf der Basis der in Kapitel 3 vorgestellten LPC-Parameter funktionieren, ist in Bild 40 dargestellt.

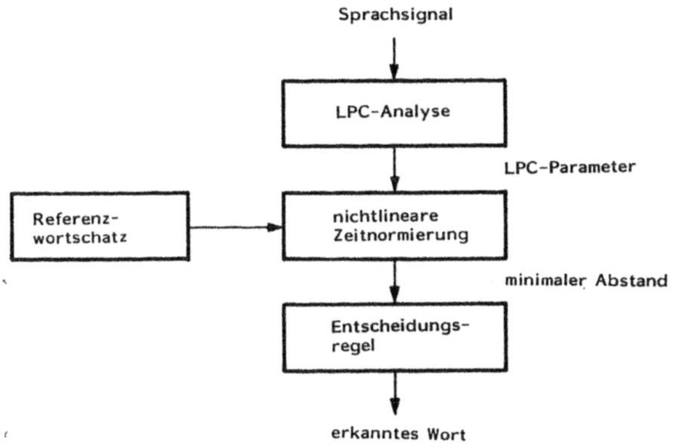

Bild 40: Struktur eines LPC-Parameter-basierten Einzelworterkennungssystems

Es wurden verschiedene Verfahren entwickelt, wie man Sprachsegmente miteinander vergleichen kann, die das Sprachsignal mit Hilfe der LPC-Parameter repräsentieren. Eine Übersicht ist in /39/ zu finden. Die bisher verwendeten Verfahren bauen alle mehr oder weniger auf der Eigenschaft der LPC-Parameter auf, das Sprachsegment auch im spektralen Bereich gut zu beschreiben. Indirekt werden bei diesen Verfahren damit immer die Spektren für die betreffenden Segmente verglichen. In der vorliegenden Arbeit soll zunächst ein davon völlig abweichender Ansatz untersucht werden und dieses Verfahren danach mit einer spektralen Methode verglichen werden.

4.2.1 Klassifizierung mit Hilfe der Dynamik zeitvarianter Übertragungsfunktionen

Die hier betrachteten Verfahren stellen einen rein systemtheoretisch orientierten Ansatz dar. Sie basieren auf der Tatsache, daß die LPC-Parameter bei einem Ansatz wie in Glg. (2) eine stark zeitvariante Übertragungsfunktion beschreiben. Es werden Verfahren untersucht, bei denen der Vergleich von zwei Wörtern auf der Basis des dynamischen Verhaltens ihrer zeitvarianten Übertragungsfunktionen verläuft.

4.2.1.1 Klassifizierung unter Verwendung von Sprungantworten

Es ist bekannt, daß die Sprungantwort s(k) einer Übertragungsfunktion von der Form wie in Glg. (2), gegeben durch die Gleichung (siehe z.B. /41/)

$$s(k) = -\sum_{i=1}^{n} a_i(k) \cdot s(k-i) + 1 \tag{51}$$

einen charakteristischen Verlauf besitzt, der besonders das dynamische Verhalten des Systems charakterisiert. Die LPC-Parameter sind in diesem Fall für jedes Zeitfenster berechnet, der Index k ist somit hier als Fensterindex aufzufassen. Die Tatsache, daß der Index k noch durch die Zeitnormierungsfunktion W(l) verändert wird, soll hier zur Vereinfachung nicht berücksichtigt werden. Es ist außerdem bekannt, daß die numerischen Werte der LPC-Parameter für verschiedene Aufzeichnungen desselben Wortes jeweils verschieden sind, insbesondere wenn verschiedene Sprecher zur Aufzeichnung verwendet wurden. Die Art und Weise, wie sich die LPC-Parameter verändern, wird jedoch für gleiche Wörter immer sehr ähnlich sein und damit wird auch das dynamische Verhalten der resultierenden, zeitvarianten Übertragungsfunktion sehr ähnlich sein. Es liegt deshalb nahe, die Sprungantworten dieser Systeme als Kriterium für die Ähnlichkeit der Übertragungsfunktionen und damit der Wörter zu verwenden. Ein einfaches Abstandsmaß ist in diesem Fall der quadratische Abstand der Sprungantworten des Referenz- und des Testsystems

$$D = \sum_{k=1}^{K} (s_R(k) - s_T(k))^2 \tag{52}$$

Im Vergleich zu den üblichen, LPC-basierten Abstandsmaßen, liegen hier folgende Unterschiede vor:

- Die spektralen Eigenschaften für jedes Zeitfenster finden hier keine Berücksichtigung, es ist praktisch unmöglich, den aktuellen Wert der Sprungantwort einem entsprechenden Laut zuzuordnen. Man erkennt dabei den stark abstrakten Ansatz, der nur noch die mathematisch vorliegende Übertragungsfunktion, jedoch nicht mehr das phonetische Ereignis berücksichtigt.
- Bei den üblichen Abstandsmaßen wird der Abstand für jedes Zeitfenster berechnet, unabhängig von den LPC-Parametern der vorhergehenden Zeitfenster. Bei dem hier betrachteten Ansatz erkennt man in Glg. (51), daß der momentane Wert s(k) stark von den vorhergehenden Werten s(k-i) und den vorhergehenden Werten der LPC-Parameter abhängt. Die gesamte "Vergangenheit" der LPC-Parameteränderung geht somit in den Vergleich mit ein. Die folgenden Bilder zeigen einige Beispiele für die Verwendung von Sprungantworten bei zeitvarianten Vokaltraktübertragungsfunktio-

nen. In Bild 41 ist zu sehen, wie empfindlich diese Größe auf geringfügige Veränderungen des zeitlichen Verlaufes der LPC-Parameter reagiert. Auf der linken Seite ist die Sprungantwort für das Wort "Eins" mit einer linearen Zeitnormierug der LPC-Parameter zu sehen, auf der rechten Seite wurde der zeitliche Verlauf der LPC-Parameter mit Hilfe der dynamischen Programmierung nichtlinear verändert. Das Optimierungskriterium war dabei nicht ein minimaler Abstand der LPC-Parameter des Testwortes zu denen des Referenzwortes, sondern ein minimaler Abstand der aus beiden Übertragungsfunktionen resultierenden Sprunganworten, was sich im Ergebnis wesentlich von der ersten Möglichkeit unterscheidet.

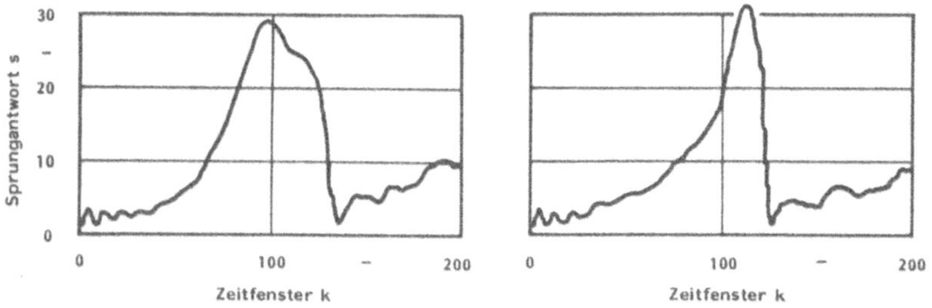

Bild 41: Sprungantworten für das Wort "Eins", links mit linearer, rechts mit nichtlinearer Zeitnormierung

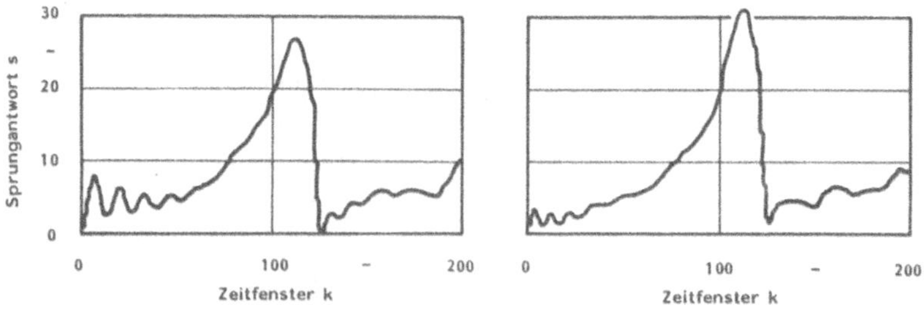

Bild 42: Sprungantworten des Referenzsystems (links) und des Testsystems (rechts) mit dynamischer Programmierung angepaßt

<u>Bild 42</u> zeigt auf der linken Seite die Sprungantwort des Referenzsystems und zum Vergleich auf der rechten Seite noch einmal die zeitlich angepaßte Sprungantwort des Testsystems. Das folgende <u>Bild 43</u> demonstriert die Unterscheidungsmöglichkeiten, die das Verfahren bietet. Auf der linken Seite ist die Sprungantwort eines Testsystems für das Wort "Zwo" zu sehen, mit dynamischer Programmierung an ein Referenzsystem für das Wort "Zwo" angepaßt. Auf der rechten Seite ist die Sprungantwort für das Wort "Zwei", an dasselbe Referenzsystem nichtlinear angepaßt, zu sehen.

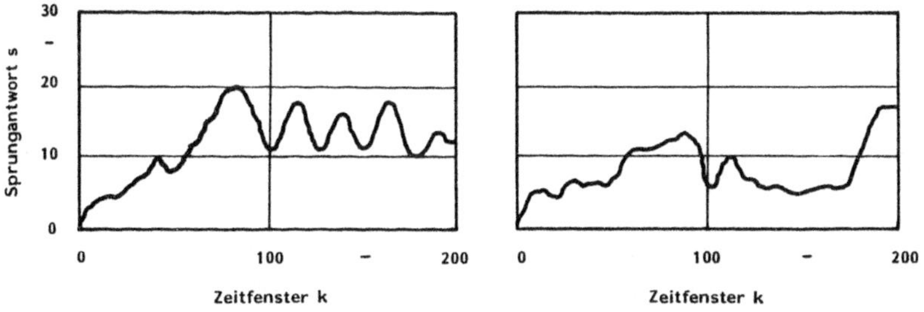

<u>Bild 43</u>: Sprungantworten für die Testwörter "Zwo" (links) und "Zwei" (rechts) an ein Referenzwort "Zwo" angepaßt

4.2.1.2 <u>Klassifizierung unter der Verwendung von parametrischen Empfindlichkeitsfunktionen</u>

Im vorhergehenden Abschnitt wurde demonstriert, daß der Verlauf der Sprunganworten der zeitvarianten Vokaltraktübertragungsfunktionen stark von dem zeitlichen Verlauf der LPC-Parameter abhängt. Die resultierende Sprungantwort ist somit nicht nur eine Funktion der Zeit, sondern auch eine Funktion der zeitvarianten LPC-Parameter, d.h.

$$s(k) = s(a_1(k), a_2(k), \ldots\ldots a_n(k), k) \qquad (53)$$

Betrachtet man das totale Differential dieser Funktion, gilt:

$$ds = \sum_{l=1}^{n} \frac{\partial s}{\partial a_l} \cdot da_l + \frac{\partial s}{\partial k} \cdot dk \qquad (54)$$

Die partiellen Ableitungen der Sprungantwort nach den LPC-Parametern lassen sich analytisch bestimmen, indem man Glg. (51) partiell nach dem betreffenden LPC-Parameter ableitet. Es ergibt sich:

$$\frac{\partial s(k)}{\partial a_l} = -s(k-l) - \sum_{i=1}^{n} a_i \cdot \frac{\partial s(k-i)}{\partial a_l} \qquad (55)$$

Der Term

$$\frac{\partial s(k-i)}{\partial a_l} = e_l(k-i) \qquad i = 0,\ldots,n;\ l = 1,\ldots,n \qquad (56)$$

beschreibt die Änderung der Sprungantwort zum Zeitpunkt (k-i) bei Änderung des betreffenden LPC-Parameters und kann als parametrische Empfindlichkeitsfunktion der Sprungantwort bezüglich des LPC-Parameters bezeichnet werden. Gleichung (55) läßt sich dann folgendermaßen schreiben:

$$e_l(k) = -\sum_{i=1}^{n} a_i \cdot e_l(k-i) - s(k-l) \qquad (57)$$

Die Empfindlichkeitsfunktion ist ebenfalls eine Größe, die sehr charakteristisch für die zeitvariante Übertragungsfunktion und damit für das zugrundeliegende Sprachsignal ist. Betrachtet man Glg. (57) näher, so stellt man fest, daß der rekursive Anteil dem der Gleichung für die Sprungantwort entspricht und das Eingangssignal hier nicht Eins, sondern die Sprungantwort selbst ist. Die Eigenwerte der Gleichung sind somit identisch mit denen der Sprungantwort. Die Kurvenform ist somit relativ ähnlich zur Sprungantwort, jedoch wesentlich ausgeprägter, da die Eingangsgröße keine Konstante mehr ist, sondern eine Größe, die ebenfalls aus den Eigenwerten abgeleitet wurde. Mit steigendem Index l tritt die Sprungantwort zeitlich verschoben als Eingangsgröße auf. Der Verlauf der Empfindlichkeitsfunktion nach dem ersten LPC-Parameter wird somit dem Verlauf der Empfindlichkeitsfunktion nach den anderen LPC-Parametern relativ ähnlich sein. Im allgemeinen genügt die Betrachtung der Funktion für l=1.

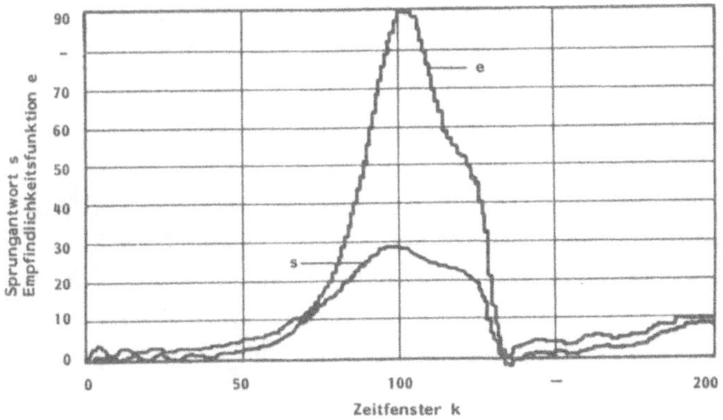

<u>Bild 44</u>: Empfindlichkeitsfunktion (e) und Sprungantwort (s) für die Übertragungsfunktion des Wortes "Eins", System 2. Ordnung, lineare zeitliche Normierung

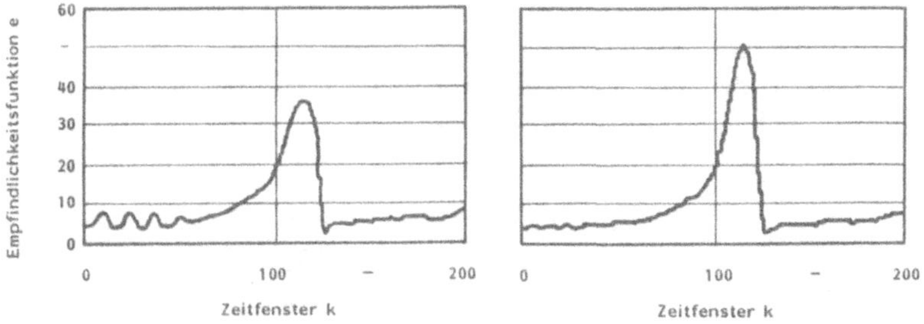

<u>Bild 45</u>: Empfindlichkeitsfunktionen eines Referenzsystems (links) und eines Testsystems (rechts), mit dynamischer Programmierung angepaßt

Bild 44 zeigt die Empfindlichkeitsfunktion für das Wort "Eins" mit linearer Zeitnormierung, zusammen mit der Sprungantwort. Dabei wurde bei dem Eingangssignal anstelle des Wertes für -s(k-1) der Wert +s(k-1)/10. gewählt, was an der prinzipiellen Gestalt der resultierenden Funktion nichts ändert, jedoch die Sprungantwort und die Empfindlichkeitsfunktion in etwa in demselben Maßstab darstellbar macht.

Bild 45 zeigt auf der rechten Seite die Empfindlichkeitsfunktion der obigen Übertragungsfunktion, mit dynamischer Programmierung auf die Empfindlichkeitsfunktion eines Referenzsystems (links) angepaßt.

Es liegt nahe, bei der Erkennung die Ergebnisse aus den Sprungantworten und Empfindlichkeitsfunktionen kombiniert auszuwerten. Bei der Auswertung spielen sowohl die Werte der betrachteten Funktionen eine Rolle, als auch die Form und Gestalt der Funktionen, was sich beispielsweise durch die Miteinbeziehung der Ableitungen ausdrücken läßt. Diese Ideen führen auf einen Erkennungsalgorithmus im Zustandsraum, der im nächsten Abschnitt dargestellt wird.

4.2.1.3 Abstandsmaße im Zustandsraum

Bild 46 zeigt das Vorgehen bei der Berechnung der Empfindlichkeitsfunktion im Blockschaltbild:

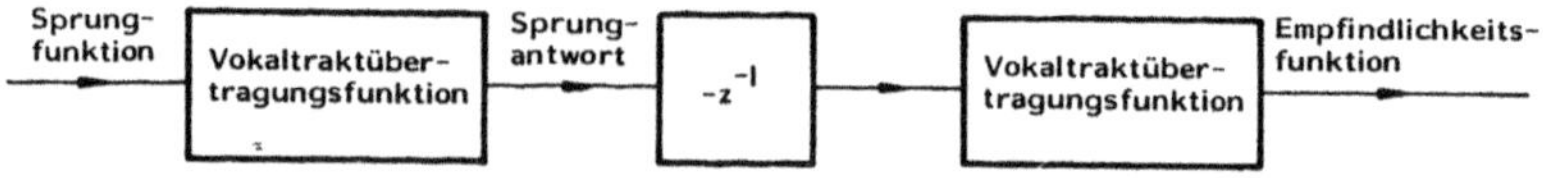

Bild 46: Blockschaltbild für die Berechnung der Empfindlichkeitsfunktion

Man erkennt, daß die Empfindlichkeitsfunktion durch zweimalige Filterung der Sprungfunktion mit der Vokaltraktübertragungsfunktion und zeitlicher Verschiebung zustandekommt.

Die zusammenhängende Berechnung der Sprungantwort und der Empfindlichkeitsfunktion läßt sich im Zustandsraum effektiv darstellen. Für ein LPC-System der Ordnung n lassen sich dabei folgende Zustandsgrößen für den Zustandsvektor $\underline{x}$ einführen:

$$
\begin{array}{ll}
x_1(k) = s(k-n+1) & x_{n+1}(k) = e_1(k-n+1) \\
x_2(k) = s(k-n+2) & x_{n+2}(k) = e_1(k-n+2) \\
\vdots & \vdots \\
x_n(k) = s(k) & x_{2n}(k) = e_1(k)
\end{array}
\qquad (58)
$$

Mit diesen Zustandsgrößen lassen sich die Gleichungen (51) und (57) zu einer Matrix-Vektor-Gleichung zusammenfassen und auf einem Rechner in effizienter Form programmieren. Die Matrix-Vektor-Gleichung ist dabei von der in der Systemtheorie bekannten Form:

$$\underline{x}(k) = A(k)\cdot\underline{x}(k-1) + \underline{u}(k) \qquad (59)$$

Man erhält so für jedes Zeitfenster den Zustandsvektor $\underline{x}(k)$ und kann gemäß der üblichen Zustandsraumdarstellung mit Hilfe einer Meßmatrix C einen "Meßvektor" $\underline{y}(k)$ erhalten, für den gilt :

$$\underline{y}(k) = C\cdot\underline{x}(k) \qquad (60)$$

Der Meßvektor enthält dann die Linearkombinationen der Zustandsgrößen, die für den Wortvergleich verwendet werden sollen. Gleichung (59) lautet in ausgeschriebener Form:

$$
\begin{bmatrix} x_1(k) \\ \vdots \\ x_n(k) \\ x_{n+1}(k) \\ \vdots \\ x_{2n}(k) \end{bmatrix}
=
\begin{bmatrix}
0 & 1 & 0 & \ldots & 0 & . & . & . & 0 \\
0 & 0 & 1 & 0 & . & 0 & . & . & 0 \\
\vdots & & \ddots & & & & & & \vdots \\
0 & . & . & 1 & & & & & . \\
-a_n & -a_{n-1} & \ldots & -a_1 & & & & & . \\
0 & . & . & . & 0 & 1 & 0 & & . \\
0 & . & . & & 0 & 0 & 1 & 0 & . \\
. & . & . & . & & & & \ddots & \\
. & . & . & . & & & & 0 & 1 \\
0 & . & & -1 & -a_n & -a_{n-1} & \ldots & & -a_1
\end{bmatrix}
\cdot
\begin{bmatrix} x_1(k-1) \\ \vdots \\ x_n(k-1) \\ x_{n+1}(k-1) \\ \vdots \\ x_{2n}(k-1) \end{bmatrix}
+
\begin{bmatrix} 0 \\ 0 \\ \vdots \\ 1 \\ 0 \\ 0 \\ \vdots \\ 0 \end{bmatrix}
\qquad (61)
$$

Bei einer Wahl der Meßmatrix zu

$$
C = \begin{bmatrix}
0 & \ldots & 0 & 1 & 0 & \ldots & 0 \\
0 & . & 0 & -1 & 1 & 0 & \ldots & 0 \\
0 & \ldots & 0 & 0 & \ldots & 1 \\
0 & \ldots & 0 & 0 & \ldots & -1 & 1
\end{bmatrix}
\qquad (62)
$$

würde gemäß Glg. (60) der Vektor $\underline{y}(k)$ die Form

$$
\begin{aligned}
\underline{y}(k) &= [x_n(k),\ x_n(k) - x_{n-1}(k),\ x_{2n}(k),\ x_{2n}(k) - x_{2n-1}(k)]^T \\
&= [s(k),\ s(k)-s(k-1),\ e(k),\ e(k)-e(k-1)]^T
\end{aligned}
\qquad (63)
$$

haben, also aus den Werten der Sprungantwort und der Empfindlichkeitsfunktion und deren ersten Ableitungen bestehen. Bei einer euklidischen Abstandsberechnung nach der Formel:

$$
D = \sum_{k=1}^{K} (\underline{y}_R(k) - \underline{y}_T(k))^T \cdot P \cdot (\underline{y}_R(k) - \underline{y}_T(k)) \qquad (64)
$$

mit der Wichtungsmatrix P, die eingeführt werden müßte, da die einzelnen Parameter verschiedenen Größenordnungen angehören können, würden sich Schwierigkeiten mit der Wahl dieser

Wichtungsmatrix für unterschiedliche Wörter ergeben. (Index R entspricht Referenzwort, Index T entspricht Testwort). Stattdessen ist es sinnvoll, einen Korrelationskoeffizienten für jede der betrachteten Größen zu berechnen, der immer zwischen -1 und +1 liegt und zudem noch ein gutes Maß für die Ähnlichkeit zwischen zwei verschiedenen Kurven darstellt. Die Gesamtkorrelation ist dann die Summe aller Einzelkorrelationen. Für eine Einzelkorrelation der Komponente i der Vektoren $\underline{y}_R$ und $\underline{y}_T$ gilt:

$$R_i = \frac{\sum_{k=1}^{K} y_{iR}(k) \cdot y_{iT}(k)}{\sqrt{\sum_{k=1}^{K} y_{iR}^2(k) \cdot \sum_{k=1}^{K} y_{iT}^2(k)}} \tag{65}$$

Diese Größe wurde bei der Austestung des Verfahrens verwendet. Dabei wurde ein System 2. Ordnung mit der in Glg. (62) dargestellten Meßmatrix angesetzt. Die Ergebnisse werden im Vergleich mit dem im folgenden Abschnitt behandelten spektralen LPC-Abstandsmaß diskutiert.

4.2.2 Spektrale LPC-Abstandsmaße

Es existieren mehrere bekannte Abstandsmaße für LPC-Parameter, die sich signifikant von der Art und Weise unterscheiden, wie die LPC-Parameter im vorhergehenden Abschnitt miteinander verglichen wurden. Die Unterschiede sind größtenteils schon in Abschnitt 4.2.1.1 dargestellt worden. In /39/ wurden die gängigsten Verfahren miteinander verglichen und es zeigte sich, daß alle diese Verfahren gut als LPC-Abstandsmaße geeignet sind. Die Erkennungsraten für die einzelnen Verfahren wichen nur unwesentlich voneinander ab. Das Ziel in dieser Arbeit war es, das im vorhergehenden Abschnitt neuentwickelte Verfahren mit den Standardverfahren zu vergleichen. Dazu wurde das sog. Itakura-Abstandsmaß (/20/), das ebenfalls in /39/ berücksichtigt wurde und das wohl am meisten verwendete LPC-Abstandsmaß ist, im Rahmen der vorliegenden Arbeit implementiert. Der Abstand zwischen einem Zeitfenster des Referenzsignals, das durch den LPC-Parametervektor $\underline{b}$ repräsentiert ist und einem korrespondierenden Zeitfenster des Testsignals mit dem LPC-Parametervektor $\underline{a}$, berechnet sich zu

$$D = \frac{\underline{b}^T \cdot R \cdot \underline{b}}{\underline{a}^T \cdot R \cdot \underline{a}} \tag{66}$$

(67)

mit

$$\underline{a} = [\,1\,,\, a_1\,,\, a_2\,,\, \ldots\,,\, a_n\,]^T \qquad \underline{b} = [\,1\,,\, b_1\,,\, b_2\,,\, \ldots\,,\, b_n\,]^T$$

und

$$R = \begin{bmatrix} R(0) & R(1) & . & . & . & . & R(n) \\ R(1) & R(0) & . & . & . & . & R(n-1) \\ R(2) & R(1) & R(0) & & & & R(n-2) \\ . & . & . & . & . & . & . \\ . & . & . & . & . & . & . \\ . & . & . & . & . & . & . \\ R(n) & R(n-1) & . & . & . & & R(0) \end{bmatrix} \tag{68}$$

ist die Matrix der Autokorrelationskoeffizienten des Testsignals. Man kann diese Formel auf verschiedene Weise aus Gründen einer mehr rechnereffizienten Darstellung umschreiben (/41,49/). In dieser Arbeit wurde folgende Form gewählt:

$$D = \frac{q(0) \cdot R(0) + 2 \cdot \sum_{i=1}^{n} q(i) \cdot R(i)}{\underline{a}^T \cdot R \cdot \underline{a}} \tag{69}$$

wobei die Koeffizienten q hier die Autokorrelationskoeffizienten der Referenz-LPC-Parameter sind, d.h.

$$q(i) = \sum_{j=0}^{n-i} b_j \cdot b_{j+i} \tag{70}$$

Der Ausdruck im Nenner der beiden Formeln (66) und (69) besteht nur aus Termen des Testsignals und kann vor Anwendung der dynamischen Programmierung für alle Zeitfenster berechnet und bei Anwendung der dynamischen Programmierung als Gesamtterm zeitlich verschoben werden. Der Ausdruck im Zähler von (66) besteht aus Termen des Referenz- und des Testsignals und bei einer zeitlichen Verschiebung des Testsignals muß dieser Ausdruck immer wieder neu berechnet werden. Aus diesem Grund ist die Summenbildung der skalaren Größen in (69) wesentlich zeiteffektiver als die Vektor-Matrix-Multiplikation in (66).

4.2.3 Vergleich von spektralen und systemtheoretischen LPC-Abstandsmaßen

Die beiden Ansätze wurden verglichen, indem für jeden Ansatz Testläufe für sprecherabhängige und sprecherunabhängige Erkennung durchgeführt wurden. Dabei wurde für den jeweiligen Erkennungsmodus der Wortschatz in Bild 7 so eingeteilt, wie dies in Abschnitt 3.2 dargestellt wurde.

Vergleicht man zunächst den Rechenaufwand für die beiden Verfahren, so wird dieser im wesentlichen durch den jeweils gleichen Aufwand für die dynamische Programmierung bestimmt. Die Art und Weise, wie die dynamische Programmierung durchgeführt wird, ist jedoch bei beiden Verfahren unterschiedlich. Bei dem systemtheoretischen Verfahren wird das Vorgehen dadurch erschwert, daß man ein rekursives Gleichungssystem betrachtet und dabei Parameter zeitlich verschiebt, die in den Rekursionsgleichungen noch mehrfach in Verbindung mit zeitlich früheren Abtastwerten erscheinen. Bei dem im vorhergehenden Abschnitt betrachteten Verfahren erhöht die immer wieder neu zu berechnende Summe in Glg. (69) die Rechenzeit. Insgesamt gibt es keine signifikanten Rechenzeitunterschiede.

Betrachtet man die Erkennungsraten, die sich mit dem in Abschnitt 3.2 vorgestellten Testwortschatz ergeben, so muß man feststellen, daß die spektralen LPC-Abstandsmaße den rein systemtheoretisch basierten Abstandsmaßen überlegen sind. Die Erkennungsraten für das systemtheoretisch basierte Abstandsmaß lagen bei ca. 90% für sprecherabhängige Erkennung und sanken bei sprecherunabhängiger Erkennung noch weiter unter diese Marke. Dabei muß jedoch erwähnt werden, daß alle in dieser Arbeit durchgeführten Versuche zur sprecherunabhängigen Worterkennung ohne Verwendung der sonst üblichen Clustering-Techniken, bei denen mit Hilfe eines Ansatzes aus der Mustererkennung für jedes Wort mehrere geeignete Prototypen ermittelt werden (vgl. /42/), durchgeführt wurde, was immer zu schlechteren Ergebnissen führt. Hier wurde statt dessen untersucht, inwiefern die Sprachmuster eines Sprechers erfolgreich als Referenzwortschatz für einen anderen Sprecher verwendet werden können, ohne den Referenzwortschatz vorher mit statistischen Methoden aufzubereiten. Die Erkennungsrate bei Verwendung des Itakura-Abstandsmaßes lag bei der sprecherabhängigen Erkennung praktisch bei 100% (man beachte dabei die Tatsache, daß man bei den relativ wenigen Aufnahmen keine statistischen Aussagen für die Erkennung machen kann und sich bei Verwendung sehr vieler Sprachproben sicherlich keine 100% Erkennungsrate ergeben hätte), und sanken dann ebenfalls deutlich ab bei der sprecherunabhängigen Erkennung, wobei interessant ist, daß in diesem Fall das richtige Wort fast immer unter den fünf besten Kandidaten war.

Bei Betrachtung dieser Testergebnisse lassen sich folgende Schlußfolgerungen ziehen:

1. Der sehr abstrakte, rein auf Methoden der Systemdynamik aufbauende Erkennungsansatz in Abschnitt

4.2.1.3 ist prinzipiell für sprecherabhängige Erkennung funktionsfähig, denn es ergaben sich bei der ersten Implementierung des Verfahrens ca. 90% Erkennungsrate, was für praktische Anwendungen bei dieser Wortgröße zwar zu niedrig ist, jedoch zeigt, daß der Ansatz grundsätzlich zur Unterscheidung von Wörtern anwendbar ist.

2. Das Verfahren scheint nicht sehr zweckmäßig für sprecherunabhängige Erkennung zu sein. Die Unterschiede in den LPC-Parametern für verschiedene Sprecher wirken sich zu stark bei den parameterempfindlichen Sprungantworten aus.

3. Das Itakura-Abstandsmaß und verwandte Abstandmaße (/39/) sind sehr zuverlässig und liefern auch für eine sprecherunabhängige Erkennung das richtige Wort unter den besten fünf Kandidaten. Man benötigt in diesem Fall jedoch noch weitere Informationen, um das richtige Wort endgültig zu erkennen.

4. Die grundlegende Idee des systemtheoretischen Ansatzes, die beispielsweise auch die Möglichkeit beinhaltet, daß die gesamte zeitliche Veränderung der LPC-Parameter Einfluß auf das Abstandsmaß hat, wird weiterhin als vorteilhafter Ansatz betrachtet. Der Algorithmus besitzt offensichtlich den Nachteil, daß er die spektralen Eigenschaften der LPC-Parameter zu wenig zum Vergleich von Wörtern verwendet. Gerade dieser spektrale Aspekt scheint jedoch sehr wichtig für den Vergleich von LPC-Parametern zu sein. Weiterführende systemtheoretische Ansätze sollten daher versuchen, diesen spektralen Aspekt stärker in die Erkennung mit einzubeziehen.

Für eine sprecherunabhängige Erkennung, die nicht auf den üblichen Clustering-Verfahren basieren soll, ist die Auswertung von weiteren Merkmalen, beispielsweise von phonetischen Parametern, unerläßlich. Die folgenden Abschnitte befassen sich ausführlicher mit der Auswertung von phonetischen Parametern.

4.3 Abstandsmaße für phonetische Parameter auf der Basis wahrscheinlichkeitstheoretischer und stochastischer Modelle

In Abschnitt 3.4 lag der Schwerpunkt auf der Ermittlung phonetischer Parameter in Form von Wahrscheinlichkeiten. Diese Größen geben an, mit welcher Wahrscheinlichkeit ein Sprachsegment zu einer bestimmten Lautklasse gehört. Prinzipiell existieren zwei verschiedene Vorgehensweisen, um diese Lautklasseninformationen weiter auszuwerten:

- Segmentierung des Sprachsignals. Dabei wird versucht, aus den Informationen über die Lautklassen für jedes Zeitfenster zu ermitteln, welche Lautklassenfolge bzw. Phonemfolge gesprochen worden ist. Mit Hilfe von phonologischem Wissen und Zugriff auf ein Phonemlexikon, in dem die Phoneme bzw. Lautfolgen aller Wörter des Wortschatzes festgehalten sind, läßt sich das gesprochene Wort ermitteln. Dies entspricht einem eher syntaktisch orientierten Ansatz.
- Rein wahrscheinlichkeitstheoretisch orientierter Ansatz: Die beiden zu vergleichenden Wörter werden jeweils als Folge von Wahrscheinlichkeiten für jedes Zeitfenster aufgefaßt. Man versucht die Wahrscheinlichkeit zu berechnen, daß diese zwei "Wahrscheinlichkeitsfolgen" gleich sind. Das Referenzwort, welches die größte Wahrscheinlichkeit liefert, ist das erkannte Wort.

Zur Auswertung der phonetischen Parameter wurde der zweite Weg gewählt. Folgende Gründe waren dafür ausschlaggebend:

- Die wahrscheinlichkeitstheoretische Auswertung ist konsistent zu dem in Abschnitt 3.4 dargestellten Verfahren.
- Die dafür verwendeten Algorithmen sind gut überschau-

bar und effektiv zu programmieren. Sie sind außerdem konsistent zu der Absicht der Arbeit, vorwiegend systemtheoretische Verfahren zur Spracherkennung zu verwenden. Eine syntaktische Auswertung hätte die Anwendung völlig andersgearteter Algorithmen zur Folge gehabt.

o In Abschnitt 3.4.2 wurde erwähnt, daß bei der Vokalunterscheidung an den Lautgrenzen Fehler auftreten können. Dies würde einen syntaktisch-phonologischen Ansatz eher beeinträchtigen als einen wahrscheinlichkeitstheoretischen Ansatz. Treten diese Fehler bei ähnlichen Wörtern an den Wortgrenzen in ähnlicher Weise auf, so sind zwar die berechneten Wahrscheinlichkeiten bei beiden Wörtern an diesen Stellen falsch, der wahrscheinlichkeitstheoretische Gesamtvergleich kann jedoch trotzdem ein gutes Ergebnis liefern.

4.3.1 Wahrscheinlichkeitstheoretisches Abstandsmaß

In Abschnitt 3.4.1 wurde dargestellt, daß man für jedes Segment k aus dem Sprachsignal einen Vektor $\underline{z}$ extrahieren kann, der verschiedene Parameter zur Lautklassenunterscheidung enthält. Daraus läßt sich mit Hilfe der Normalverteilungen für die einzelnen Lautklassen und des Bayes'schen Satzes eine Wahrscheinlichkeit für die Klasse KL unter der Bedingung, daß der Vektor $\underline{z}$ vorliegt, berechnen, die man mit

$$p_k(KL|\underline{z}_k) \qquad (71)$$

bezeichnen kann. Betrachtet man die Wahrscheinlichkeit, daß ein Segment k des Testsignals mit einem korrespondierenden Segment l des Referenzsignals übereinstimmt, so gilt für diese Wahrscheinlichkeit, daß sie sich zusammensetzt aus den Wahrscheinlichkeiten, daß beide Segmente entweder zur ersten

Klasse oder beide zur zweiten Klasse usw. gehören, d.h.:

$$p(k \Delta l) = \sum_{KL} p_k(KL|\underline{z}_k) \cdot p_l(KL|\underline{z}_l) \qquad (72)$$

Die Wahrscheinlichkeit, daß beide Wörter gleich sind, ist demnach das Produkt der Wahrscheinlichkeiten, daß die einzelnen Segmente gleich sind. Dabei wird davon ausgegangen, daß die einander korrespondierenden Segmente schon mit Hilfe einer nichtlinearen Zeitnormierung, z.B. auf der Basis des Itakura-Abstandsmaßes für LPC-Parameter, gefunden worden sind und die Indices k und l beide bis zum Endwert K laufen. Es kann vorkommen, daß auch dann, wenn gleiche Wörter vorliegen, die Zeitnormierung auf der Basis der LPC-Parameter so verläuft, daß z.B. bei Lautübergängen die Zeitfenster nicht völlig synchron verlaufen und zwei korrespondierende Zeitfenster ermittelt werden, die in diesem Fall zu verschiedenen Lautklassen gehören. In diesem Fall würde in Glg. (72) einmal ein Wert nahe bei Null berechnet, und das Produkt wäre insgesamt nahe bei Null, obwohl beide Wörter sehr ähnlich sind. Um dies zu vermeiden, wird als phonetisches Abstandsmaß nicht das oben erwähnte Produkt gewählt, sondern die mittlere Wahrscheinlichkeit, daß zwei korrespondierende Zeitfenster der gleichen Lautklasse angehören, die sich nach Glg. (73) folgendermaßen berechnen läßt:

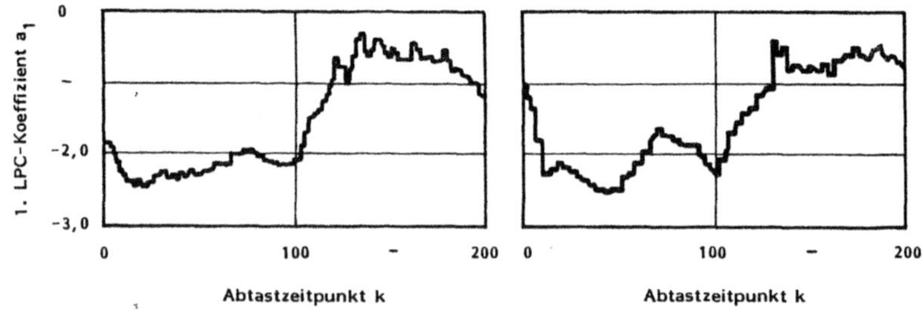

Bild 47: Zeitlich normierter Verlauf des 1. LPC-Parameters für ein Referenzsignal (links) und ein Testsignal (rechts) für das Wort "Eins"

$$p(\text{Ref} \,\Delta\, \text{Test}) = \frac{1}{K} \cdot \sum_{k,l=1}^{K} \sum_{KL} p_k(KL|\underline{z}_k) \cdot p_l(KL|\underline{z}_l) \qquad (73)$$

Bild 47 zeigt den Verlauf des ersten LPC-Parameters für das Sprachsignal des Wortes "Eins" sowie den eines dazugehörigen Korrespondenzsignals. In Bild 48 ist die Wahrscheinlichkeit für jedes Zeitfenster dargestellt, daß die korrespondierenden Zeitfenster der gleichen Lautklasse angehören, berechnet nach Glg. (72). Dabei wurden die vier Lautklassen stimmhaft, stimmlos, nasal und Sprachpause berücksichtigt. In Bild 49 ist die gleiche Berechnung mit der Betrachtung von sieben Lautklassen (mit Vokalunterscheidung) dargestellt.

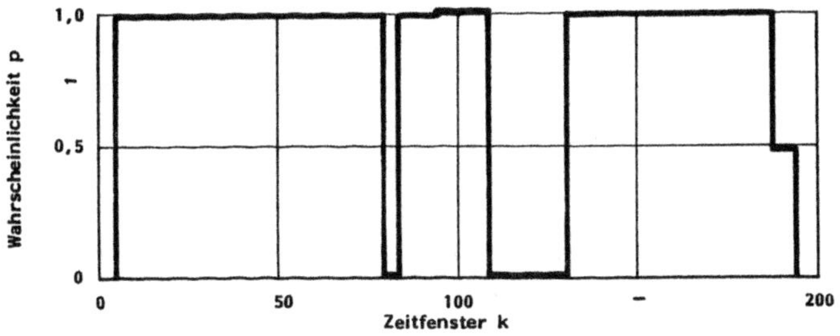

Bild 48: Wahrscheinlichkeit, daß korrespondierende Segmente der gleichen Lautklasse angehören (4 Lautklassen)

Bild 48 zeigt, daß die Wahrscheinlichkeit, daß einzelne Zeitfenster derselben Lautklasse angehören, im Fall von vier Lautklassen meistens entweder nahe bei Eins oder nahe bei Null ist. Hätte man in diesem Fall als Gesamtabstandsmaß eine Multiplikation aller Einzelwahrscheinlichkeiten gewählt, so wäre das Produkt ein Wert in der Nähe von Null gewesen, obwohl beide Muster sich relativ ähnlich sind. Als mittlere Wahrscheinlichkeit ergibt sich in diesem Fall der Wert 0.80.

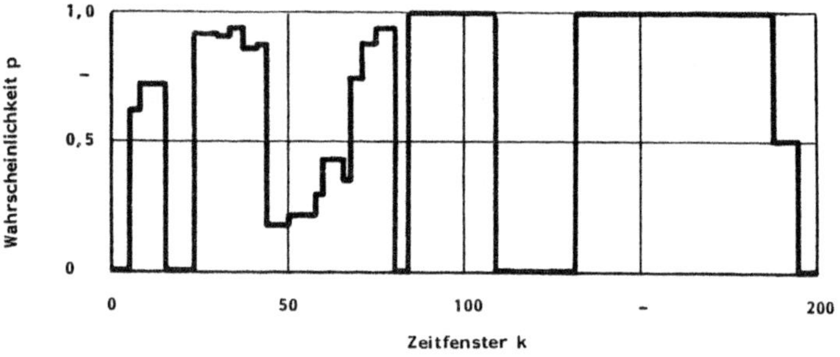

Bild 49: Wahrscheinlichkeit, daß korrespondierende Segmente der gleichen Lautklasse angehören (7 Lautklassen)

In Bild 49 ist zu sehen, daß der Vokalanteil der Muster (ca. Zeitfenster 1 bis 80) noch in verschiedene Anteile aufgespalten wurde. Die Wahrscheinlichkeiten für diese Zeitfenster sind geringer, da die Vielfalt der Klassen größer geworden ist und sich Klassifizierungsfehler nicht vermeiden lassen. Die Wahrscheinlichkeiten für die weiter hinten liegenden Anteile sind identisch mit denen in Bild 48, da sie nicht zu den stimmhaften Anteilen gehören. Insgesamt ergibt sich eine mittlere Wahrscheinlichkeit von 0.64. Trotzdem die Wahrscheinlichkeiten bei der Betrachtung von sieben Lautklassen immer geringer sind als bei der Klassifizierung von vier Lautklassen, wirkt sich die Betrachtung von sieben Lautklassen fast immer positiv aus, weil sie Wörtern, die andere Vokale als das betrachtete Testwort enthalten, eine geringere Wahrscheinlichkeit zuordnet.

4.3.2 Klassifizierung mit Hilfe von Markov-Modellen

Die Verwendung von Markov-Modellen bei der automatischen Spracherkennung beruht auf Arbeiten von Baker /3/. In den folgenden Jahren wurde dieser Ansatz von mehreren Forschungsgruppen, hauptsächlich in den USA, weiterverfolgt. Beispiele hierfür sind in /22,24,31,32,56/ zu finden. Diese Arbeiten verwenden praktisch ausschließlich sog. "Hidden Markov Modelle" (HMM). Bild 50 zeigt die Struktur eines HMM.

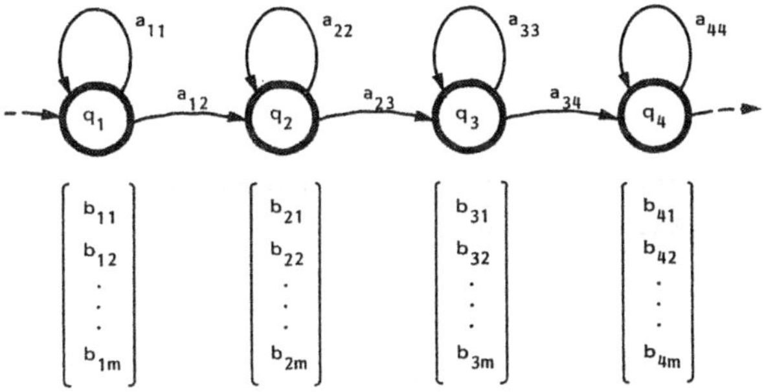

q: Zustände des Markov - Modells

a: Übergangswahrscheinlichkeiten der Zustände

b: Ausgangswahrscheinlichkeiten des Merkmalvektors

Bild 50: Struktur eines Hidden Markov-Modells (HMM)

Das grundlegende Prinzip der Verwendung von HMM bei der automatischen Spracherkennung läßt sich folgendermaßen beschreiben:

Der Sprachgenerierungsprozeß wird als Folge von phonetischen Ereignissen, beispielsweise von bestimmten Artikulationsstellungen, betrachtet, die man als eine Folge von Zuständen interpretieren kann, wobei die Sprachgenerierung bei Zustand 1 beginnt und bei Zustand n endet. Der Übergang der einzelnen Zustände ineinander erfolgt mit einer gewissen Wahrscheinlichkeit, so daß man diesen Prozeß insgesamt mit Hilfe eines Markov-Modells, bestehend aus n Zuständen mit gewissen Übergangswahrscheinlichkeiten beschreiben kann. Das momentane Vorliegen eines bestimmten Zustandes läßt sich nicht ohne weiteres bestimmen, man hat i.a. nur das Sprachsignal bzw. daraus abgeleitete Parameter in Form eines Parametervektors $\underline{z}$ zur Verfügung, aus denen der momentan vorliegende Zustand nicht direkt erkennbar ist (daher der Name "Hidden-Markov-Modell"). Man benötigt daher weitere Größen, die die Wahrscheinlichkeit angeben, daß bei Vorhandensein des "Meßvektors" $\underline{z}$ der Zustand i vorliegt.

Ein HMM läßt sich deshalb durch folgende Größen mathematisch beschreiben:

- Eine Matrix Q der Übergangswahrscheinlichkeiten der einzelnen Zustände ineinander. Dabei gilt:

$$q_{ij} = p(\text{Zustand } i \rightarrow \text{Zustand } j) \tag{74}$$

- Ein Vektor von Funktionen $\underline{P}(\underline{z})$ der Ausgangswahrscheinlichkeiten, die angeben, mit welcher Wahrscheinlichkeit der Parametervektor $\underline{z}$ für den betreffenden Teil des Sprachsignals auftritt, wenn der zugrundeliegende Markov-Prozeß gerade im Zustand i ist. Damit gilt:

$$p_i(z) = p(\underline{z} | \text{Zustand } i) \tag{75}$$

- Ein Anfangszustandsvektor $\underline{x}(0)$, der den Zustand des Markov-Modells am Anfang des Sprachgenerierungsprozesses (Zeitfenster k=0) beschreibt.

$$\underline{x}(0) = [p(\text{Zustand } 1), \ldots, p(\text{Zustand } n)]^T \quad \text{für } k=0 \tag{76}$$

In einem Worterkennungssystem, das auf Markov-Modellen basiert, wird jedes Wort des Referenzwortschatzes als ein Markov-Modell mit Hilfe der oben erwähnten Größen mathematisch beschrieben. Dazu werden die betreffenden Parameter aus dem Sprachsignal mit Hilfe spezieller Schätzverfahren bestimmt. Soll ein Sprachsignal später im Erkennungsmodus klassifiziert werden, so erfolgt dies dadurch, indem aus dem Sprachsignal zunächst der "Meßvektor" $\underline{z}$ für jedes Zeitfenster ermittelt wird. Es wird dann berechnet, mit welcher Wahrscheinlichkeit die enstandene Folge von Parametervektoren $\underline{z}$ von den in dem Referenzwortschatz zugrundeliegenden Markov-Modellen erzeugt worden ist. Das Wort, dessen Markov-Modell die größte Wahrscheinlichkeit geliefert hat, wird als erkanntes Wort betrachtet. Der Erkennungsprozeß läßt sich somit im Blockschaltbild in Bild 51 folgendermaßen darstellen:

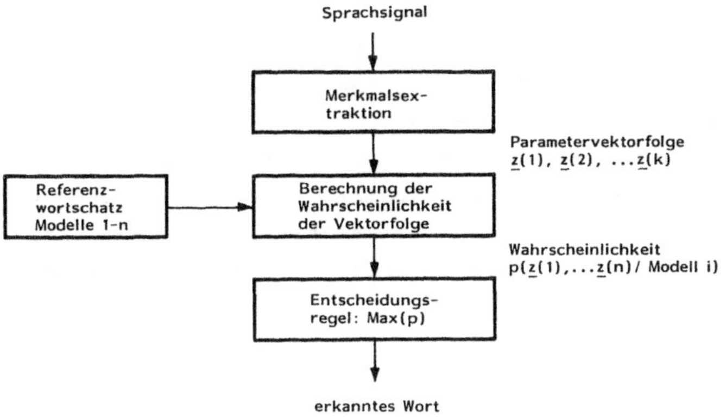

Bild 51: Struktur eines Einzelworterkennungssystems basierend auf Markov-Modellen

Bei einem in den letzten Jahren sehr populär gewordenen Modell (/31/) werden aus dem Sprachsignal zunächst die LPC-Parameter berechnet und diese einem Vektorquantisierer zugeführt. Der Vektorquantisierer berechnet für jeden LPC-Parametervektor einen Index im verwendeten Codebuch. Dieser Index wird als "Meßgröße" z aufgefaßt. Die Parameterextraktion liefert somit aus dem Sprachsignal eine Folge von Codebuch-Indices, und das Markov-Modell beschreibt in diesem Fall einen aus fünf Zuständen bestehenden stochastischen Prozeß, bei dem die Zustände selbst keine direkte phonetische Bedeutung besitzen. Die Funktion P(z) ist in diesem Fall eine Matrix, bei der das Element in der i-ten Zeile und der j-ten Spalte angibt, mit welcher Wahrscheinlichkeit der Codebuch-Index z=i von dem Zustand j erzeugt wird. Bei der Klassifizierung wird die Wahrscheinlichkeit berechnet, mit der die vorliegende Folge von Codebuch-Indices von dem Markov-Prozeß erzeugt wurde.

In der vorliegenden Arbeit soll eine andere Form von Markov-Modellen untersucht werden, die so ausgelegt ist, daß mit ihrer Hilfe die in Abschnitt 3.4 ermittelten Lautklassenwahrscheinlichkeiten ausgewertet werden können und die Ergebnisse direkt mit dem wahrscheinlichkeitstheoretischen Ansatz in Abschnitt 4.3.1 verglichen werden können. In Abschnitt 3.4 wurde gezeigt, daß man die Wahrscheinlichkeit, daß ein Sprachsegment einer bestimmten Lautklasse angehört, berechnen kann, indem man aus dem Segment einen Parametervektor $\underline{z}$ berechnet und mit Hilfe einer statistischen Auswertung die Verteilungsfunktion dieses Vektors für die betreffende Lautklasse bestimmt hat.

Da ein Sprachsignal in den meisten Fällen aus mehreren Lautklassen besteht, kann man diese Lautklassen als Zustände eines stochastischen Modells betrachten. Die Lautklassen (=Zustände) gehen mit einer gewissen Wahrscheinlichkeit ineinander über und für jeden Zustand existiert eine Funktion $p(\underline{z})$, die angibt, mit welcher Wahrscheinlichkeit der Parametervektor $\underline{z}$ in diesem Zustand gebildet wird. Die Funktion $p(\underline{z})$ ist in diesem Fall eine Gauß'sche Normalverteilung (siehe Abschnitt 3.4.1). Dies führt auf ein Markov-Modell, wie es in Bild 52 dargestellt ist:

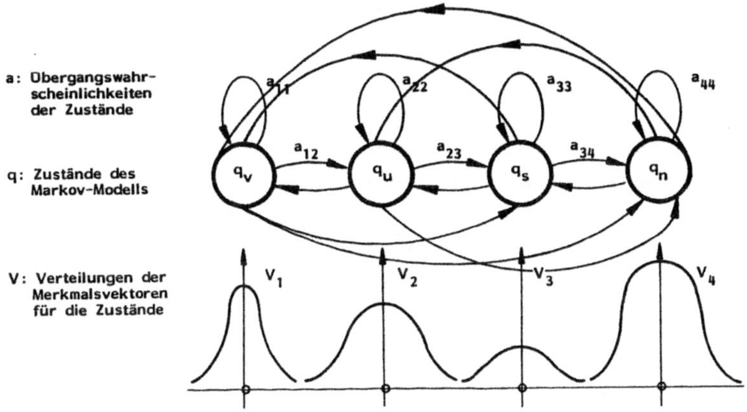

Bild 52: Lautklassenbasiertes Markov-Modell mit Gauß'schen Normalverteilungen

Im Vergleich zu den Standardverfahren weist dieses Markov-Modell folgende Unterschiede auf:

- Die Zustände des Modells sind nicht mehr abstrakt, sondern haben eine phonetische Bedeutung. Sie sind die Lautklassen, die in Abschnitt 3.4 für die Klassifizierung gewählt worden sind.
- In Bild 50 sind nur bestimmte Übergänge zwischen den einzelnen Zuständen zugelassen. Demzufolge ergeben sich Matrizen Q, die niemals vollständig besetzt sind. In dem hier verwendeten Modell sind Übergänge zwischen allen Lautklassen zugelassen und es können sich vollständig besetzte Matrizen Q ergeben.
- Die Funktionen $\underline{P}(\underline{z})$ werden in den Standardverfahren im Rahmen der Parameterschätzung für die Matrix der Übergangswahrscheinlichkeiten Q mitbestimmt. Im Fall der vorliegenden Arbeit wurden diese Funktionen schon bei der Parameterextraktion in Abschnitt 3.4 ermittelt und es müssen nur noch die Koeffizienten der Matrix Q bestimmt werden. Die Funktionen $\underline{P}(\underline{z})$ sind

darüber hinaus für die Modelle aller Wörter gleich und müssen daher nicht für jedes Wort extra abgespeichert werden.

Eine Erkennung mit diesem Modell läuft folgendermaßen ab: Das Sprachsignal wird in Zeitfenster unterteilt und der Parametervektor **z** für jedes Zeitfenster bestimmt. Aus der Gauß'schen Verteilungsfunktion für jede Lautklasse wird die gesuchte Wahrscheinlichkeit p(**z**|Zustand i) bestimmt. Verwendet man anstelle dieser Wahrscheinlichkeit die Wahrscheinlichkeit, die sich aus Glg. (45) in Abschnitt 3.4.1 ergibt und im Prinzip eine Normierung der Wahrscheinlichkeit p(**z**|Zustand i) darstellt, so ist der Rechengang bis zu diesem Schritt identisch mit der Ermittlung der Lautklassenwahrscheinlichkeiten in Abschnitt 3.4 und auf diese Größen kann direkt zurückgegriffen werden. Man vermeidet außerdem eventuell auftretende numerische Probleme, da die unnormierten Wahrscheinlichkeiten betragsmäßig oft sehr klein werden können und dies bei den normierten Wahrscheinlichkeiten nicht mehr so extrem der Fall ist. Mit Hilfe der Lautklassenwahrscheinlichkeiten und einem zugrundeliegenden Markov-Modell für die Lautklassenübergänge läßt sich dann die Wahrscheinlichkeit der aufgetretenen Parametervektorfolge berechnen.

Die Bestimmung der Matrix Q sowie die Auswertung der ermittelten Lautklassenwahrscheinlichkeiten eines unbekannten Sprachsignals mit Hilfe von lautklassenbasierten Markov-Modellen wird in den folgenden Abschnitten dargestellt.

4.3.2.1 Ermittlung der Modellparameter

Die Ermittlung der Modellparameter beschränkt sich hier auf die Bestimmung der Matrix der Übergangswahrscheinlichkeiten Q. In den Standardverfahren wird dazu der Viterbi-Algorithmus /16/ oder der Forward-Backward Algorithmus /4/ verwendet.

Beide Verfahren gehen von einer Anfangsschätzung für die Koeffizienten der Matrix Q aus und verbessern dann die Werte iterativ. Die Bestimmung günstiger Anfangswerte ist dabei relativ wichtig. Bei den in dieser Arbeit verwendeten Markov-Modellen läßt sich eine Anfangsschätzung für die Matrix der Übergangswahrscheinlichkeiten relativ einfach vornehmen. Bezeichnet man den Vektor der Lautklassenwahrscheinlichkeiten, den man für jedes Zeitfenster k eines Referenzsignals mit Hilfe der in Abschnitt 3.4 beschriebenen Algorithmen berechnen kann, mit

$$\underline{p}_k = \begin{bmatrix} p(\text{Abschnitt } k \in \text{Lautklasse } 1) \\ p(\text{Abschnitt } k \in \text{Lautklasse } 2) \\ \vdots \\ p(\text{Abschnitt } k \in \text{Lautklasse } n) \end{bmatrix} \tag{77}$$

so gilt für einen Übergang von einem Zeitfenster k-1 zu dem Zeitfenster k, daß die Matrix

$$\hat{Q} = p_{k-1} \cdot p_k^T \tag{78}$$

ein Maß für die Wahrscheinlichkeit der Übergänge der betrachteten Lautklassen ineinander darstellt. Betrachtet man für alle Zeitfenster des Sprachsignals die Matrix

$$\hat{Q} = \sum_{k=1}^{K} p_{k-1} \cdot p_k^T \tag{79}$$

und normiert man die Koeffizienten dieser Matrix auf die jeweiligen Zeilensummen, um die Summe aller Wahrscheinlichkeiten in einer Zeile auf den korrekten Wert von 1 zu begrenzen, so enthält diese Matrix Mittelwerte für die Übergangswahrscheinlichkeiten der einzelnen Lautklassen ineinander und kann als Anfangsschätzung für die Matrix Q verwendet werden. Bei der Berechnung von Q nach dieser Formel sowie für alle weiteren hier vorgestellten Algorithmen gilt, daß der Anfangszustand $\underline{x}(0)$ bei der Lautklasse "Sprachpause" liegt und der Lautklassenwahrscheinlichkeitsvektor $\underline{p}$ zu diesem Zeitpunkt mit dem Wert 1 für die Lautklasse "Sprachpause" und entsprechend mit 0 für die anderen Lautklassen belegt ist. Analoges gilt für den Endzustand, der ebenfalls immer bei der Lautklasse "Sprachpause" liegt.

Der Forward-Backward Algorithmus (FB-Algorithmus, siehe z.B. /22/) kann auch in diesem Fall verwendet werden, um die Schätzwerte zu verbessern. Er liefert für jedes Zeitfenster k den Vektor der "Vorwärtswahrscheinlichkeiten" $\underline{pa}$, sowie den Vektor der "Rückwärtswahrscheinlichkeiten" $\underline{pb}$. Für diese Größen gilt:

$$\underline{pa}_k = \begin{bmatrix} p(\text{Abschn. } k \in \text{Lautkl. } 1 \mid \{\underline{z}_1, \underline{z}_2, \ldots \underline{z}_k\}) \\ p(\text{Abschn. } k \in \text{Lautkl. } 2 \mid \{\underline{z}_1, \underline{z}_2, \ldots \underline{z}_k\}) \\ \cdot \\ \cdot \\ \cdot \\ p(\text{Abschn. } k \in \text{Lautkl. } n \mid \{\underline{z}_1, \underline{z}_2, \ldots \underline{z}_k\}) \end{bmatrix} \tag{80}$$

$$\underline{pb}_k = \begin{bmatrix} p(\{\underline{z}_{k+1}, \underline{z}_{k+2}, \ldots \underline{z}_K\} \mid \text{Abschn. } k \in \text{Lautkl. } 1) \\ p(\{\underline{z}_{k+1}, \underline{z}_{k+2}, \ldots \underline{z}_K\} \mid \text{Abschn. } k \in \text{Lautkl. } 2) \\ \cdot \\ \cdot \\ \cdot \\ p(\{\underline{z}_{k+1}, \underline{z}_{k+2}, \ldots \underline{z}_K\} \mid \text{Abschn. } k \in \text{Lautkl. } n) \end{bmatrix} \tag{81}$$

Führt man anstelle des Lautklassenwahrscheinlichkeitsvektors $\underline{p}$ in Glg. (77) die entsprechende Diagonalmatrix P ein so lassen sich die Rekursionsgleichungen für den FB-Algorithmus in kompakter Matrix-Vektor-Schreibweise folgendermaßen formulieren:

$$P_k = \begin{bmatrix} p_{k1} & 0 & . & . & 0 \\ 0 & p_{k2} & 0 & . & 0 \\ . & & . & & . \\ . & & & . & . \\ . & & & . & \\ 0 & . & . & 0 & p_{kn} \end{bmatrix} \tag{82}$$

$$\underline{pa}_{k+1} = P_{k+1} \cdot \hat{Q}^T \cdot \underline{pa}_k \qquad \text{mit } \underline{pa}_{k=0} = \underline{x}(0) \tag{83}$$

$$\underline{pb}_k = \hat{Q} \cdot P_k \cdot \underline{pb}_{k+1} \qquad \text{mit } \underline{pb}_{k=K+1} = \underline{x}(K+1) = \underline{x}(0) \tag{84}$$

Die Matrix $\hat{Q}$ der Übergangswahrscheinlichkeiten wurde dabei im vorhergehenden Rekursionsschritt geschätzt. Führt man zusätzlich zu den Vektoren $\underline{pa}$ und $\underline{pb}$ die Diagonalmatrizen PA und PB, analog zu Glg. (82) ein, so erhält man eine neue Schätzung für die Matrix der Übergangswahrscheinlichkeiten, indem man die Vorwärts- und Rückwärtswahrscheinlichkeiten für jedes Zeitfenster berechnet und dann die neue Matrix bildet:

$$\hat{Q}^* = \sum_{k=1}^{K} PA_{k-1} \cdot \hat{Q} \cdot P_k \cdot PB_k \tag{85}$$

und die Elemente dieser Matrix auf die betreffende Zeilensumme normiert. Diese neue Matrix ist dann die Matrix der Übergangswahrscheinlichkeiten im nächsten Iterationschritt. Das Verfahren wird so lange wiederholt, bis sich keine Änderung mehr in den Koeffizienten der Matrix ergibt.

Für das Wort "Eins" ergibt sich mit Anwendung von Glg. (79) beispielsweise folgende Matrix der Übergangswahrscheinlichkeiten, wenn man vier Zustände (entsprechend der vier Lautklassen "stimmhaft" (v), "stimmlos" (u), "Pause" (s), "nasal" (n)) für das Markov-Modell voraussetzt:

	s	n	u	v
s	0.74999E+00	0.18127E-05	0.12500E+00	0.12500E+00
n	0.57416E-01	0.93633E+00	0.36596E-03	0.58861E-02
u	0.43803E-06	0.65679E-02	0.96675E+00	0.26680E-01
v	0.89399E-05	0.20788E-01	0.18011E-01	0.96119E+00

Verwendet man diese Matrix als Anfangsschätzung für den Forward-Backward-Algorithmus, so konvergiert der Algorithmus nach einigen Iterationsschritten und es ergibt sich folgende Matrix:

	s	n	u	v
s	0.75000E+00	0	0.12500E+00	0.12500E+00
n	0.57156E-01	0.94284E+00	0	0
u	0	0.12660E-01	0.98734E+00	0
v	0	0.12655E-01	0	0.98734E+00

Bei der Berechnung der Matrix Q nach Glg. (79) ist diese Matrix vollbesetzt. Es ergibt sich beispielsweise eine geringe Wahrscheinlichkeit für den Übergang von "stimmhaft" zu "Pause", obwohl dieser Übergang bei korrekter Betrachtung der Phonemfolge für das Wort "Eins" nicht vorkommen dürfte. Er ergibt sich bei der Berechnung von Q als Folge von geringen Klassifikationsfehlern der Algorithmen, die die Lautklassenwahrscheinlichkeiten berechnen. Diese sehr kleinen Übergangswahrscheinlichkeiten existieren nach Anwendung des FB-Algorithmus nicht mehr, es können jedoch trotzdem noch fehlerhafte Übergangswahrscheinlichkeiten auftreten, wie z.B. der Übergang von "stimmlos" zu "nasal" im obigen Beispiel.

Es läßt sich zusammenfassend feststellen, daß die Anwendung des FB-Algorithmus die Matrix der Übergangswahrscheinlichkeiten leicht ändert, insbesondere verschwinden die sehr kleinen Übergangswahrscheinlichkeiten, die in den meisten Fällen sowieso fehlerhaft waren.

4.3.2.2 Klassifizierungsalgorithmen

Zur Klassifizierung auf der Basis von Markov-Modellen wurden drei verschiedene Algorithmen untersucht.

1. Viterbi-Algorithmus:

Der Viterbi-Algorithmus (/16/) verwendet zur Klassifizierung die Folge von Parametervektoren $\underline{z}$, die von einem zu untersuchenden Testwort aus den einzelnen Zeitfenstern berechnet worden ist. Für einen Vektor $\underline{z}$, der für das Zeitfenster k ermittelt wurde, läßt sich folgende Wahrscheinlichkeit berechnen, daß das in diesem Fall zugrundeliegende Markov-Modell sich dabei im Zustand i befunden hat:

$$p_k(i \mid \{\underline{z}_1, \underline{z}_2, \ldots, \underline{z}_k\}) = \underbrace{p_k(j \rightarrow i)}_{\substack{(74) \\ = q_{ji}}} \cdot \underbrace{p_k(\underline{z}_k \mid i)}_{\substack{(77) \\ = p_{ki}}} \qquad (86)$$

D.h., man kann diese Wahrscheinlichkeit für jeden möglichen Übergang von einem Zustand in den anderen Zustand aus der Matrix der Übergangswahrscheinlichkeiten Q des zugrundeliegenden Markov-Modells des Referenzwortes und dem Vektor $\underline{p}$ aus Glg. (77) berechnen, den man für jedes Zeitfenster aus dem Testsignal ermitteln kann. Man kann so für jedes Zeitfenster k den Übergang ermitteln, der die jeweils größte Wahrscheinlichkeit hat und auf diese Weise die optimale Zustandsfolge ermitteln, die die maximale Wahrscheinlichkeit für die aus dem Testsignal berechnete Parametervektorfolge liefert. Man verwendet dabei einen Optimierungsalgorithmus, der der dynamischen Programmierung entspricht. Zu maximieren ist die Wahrscheinlichkeit:

$$P_{Ges} = \prod_{k=1}^{K} q_{ji} \cdot p_{ki} \qquad (87)$$

durch Wahl des jeweils optimalen Pfades von j nach i für jedes Zeitfenster k. Für die praktische Implementierung empfiehlt es sich, den negativen Logarithmus des obigen Ausdrucks zu minimieren. Anstelle der Multiplikationen in (87) treten dann Additionen auf. Das Referenzwort, dessen Markov-Modell die geringste Summe ergibt, wird als erkanntes Wort zugewiesen.

In den Bildern 53 und 54 ist die optimale Zustandsfolge dargestellt, wie sie sich mit Hilfe des Viterbi-Algorithmus für das Testwort "Eins" mit dem zugrundeliegenden Markov-Modell eines Referenzwortes "Eins" (dessen Matrix Q in Abschnitt 4.3.2.1 dargestellt ist) mit 4 und mit 7 betrachteten Zuständen (= Lautklassen) ergibt.

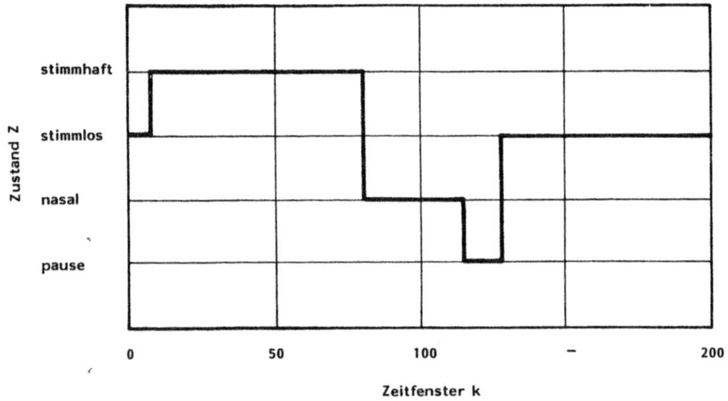

Bild 53: Optimale Zutandsfolge für die Erkennung des Wortes "Eins", mit Viterbi-Algorithmus berechnet, vier Zustände

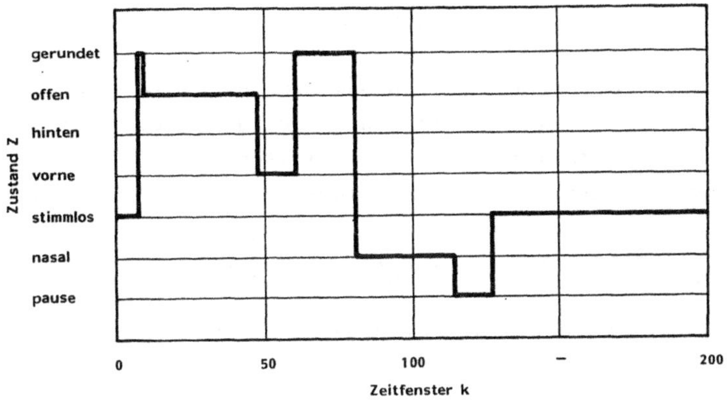

Bild 54: Optimale Zutandsfolge für die Erkennung des Wortes "Eins", mit Viterbi-Algorithmus berechnet, sieben Zustände

Man erkennt in Bild 53, daß tatsächlich die Zustände durchlaufen werden, die sich aus der entsprechenden Phonemfolge ergeben würden. In Bild 54 sieht man, daß der Zustand "stimmhaft" hier in die verschiedenen Vokalklassen aufgeteilt ist. Der Zustand befindet sich längere Zeit in der Vokalklasse "offen", was für den ersten Teil des Diphtongs /ai/ korrekt ist und wechselt dann in den Zustand "vorne", was für den zweiten Teil des Diphtongs ebenfalls zutrifft. Danach wird der fehlerhafte Zustand "gerundet" eingenommen, was sich dadurch erklären läßt, daß die Zustände "vorne" und "gerundet" sehr nahe beieinander liegen (siehe Bilder 33 und 34) und daher oft die eine Klasse anstelle der anderen Klasse ermittelt wird. Wichtig für die Klassifizierung mit dem Viterbi-Algorithmus ist jedoch nicht nur die Tatsache, daß die ermittelte Zustandsfolge mit der tatsächlichen phonetischen Zustandsfolge des Referenzmodells übereinstimmt, sondern insbesondere der Wert für die in Glg. (87) ermittelte Gesamtwahrscheinlichkeit für diese Zustandsfolge.

2. Forward-Backward Algorithmus

Aus den Definitionsgleichungen für den Vektor der Vorwärts- und Rückwärtswahrscheinlichkeiten $\underline{pa}$ in Glg. (80) und $\underline{pb}$ in Glg. (81) kann man für jedes Zeitfenster k die Wahrscheinlichkeit der Sequenz der Parametervektoren $\underline{z}$ berechnen:

$$P_{Ges} = p(\{\underline{z}_1, \underline{z}_2, \ldots, \underline{z}_K\}) = \underline{pb}_k^T \cdot \underline{pa}_k \tag{88}$$

Interessant ist die Gleichung für die Endzustände k=0 und k=K+1. Hierfür gilt:

$$k=0: \qquad P_{Ges} = \underline{pb}_0^T \cdot \underline{pa}_0 = \underline{pb}_0^T \cdot \underline{x}(0) \tag{89}$$

$$k=K+1: \qquad P_{Ges} = \underline{pb}_{K+1}^T \cdot \underline{pa}_{K+1} = \underline{x}^T(0) \cdot \underline{pa}_{K+1} \tag{90}$$

Mit Hilfe der Rekursionsformeln in den Glgen. (83) und (84) läßt sich für k=0 und k=K+1 dasselbe Ergebnis herleiten:

$$P_{Ges} = \underline{x}^T(0) \cdot \Big(\prod_{i=K+1}^{1} P_i \cdot Q^T \Big) \cdot \underline{x}(0) \tag{91}$$

Die Wahrscheinlichkeitsmatrizen P werden aus der Analyse des Testwortes gewonnen, die Matrix Q repräsentiert das Referenzwort. Das Referenzwort, das die größte Gesamtwahrscheinlichkeit liefert, wird als das erkannte Wort betrachtet. Das Verfahren ist einfach zu programmieren und sehr schnell, es können sich jedoch numerische Probleme ergeben, da man eine Vielzahl von Matrizen, die nur Werte kleiner oder gleich 1 enthalten, miteinander multipliziert. Man kann dies verhindern, indem man den Vektor, der sich jeweils nach jeder Multiplikation mit der Matrix P ergibt, mit einem konstanten Faktor c, der größer als 1 ist, multipliziert. Um zu verhindern, daß sich dabei wiederum numerische Probleme ergeben (Overflow), muß man den Faktor c so wählen, daß der Ausdruck

$$C = c^K \tag{92}$$

auf dem Rechner keinen Overflow ergibt. Dann ergeben sich auch bei Berechnung von Glg. (91) keine numerischen Probleme.

3. Alternativer Algorithmus zum Viterbi-Algorithmus

Man erhält aus der Analyse des Testwortes zu jedem Zeitpunkt die Wahrscheinlichkeitsmatrix P in Glg. (82) bzw. den entsprechenden Wahrscheinlichkeitsvektor $\underline{p}$ in Glg. (77). Betrachtet man die Wahrscheinlichkeit, daß ein Vektor $\underline{p}$ für das k-te Zeitfenster aufgetreten ist und das zugrundeliegende Markov-Modell dabei vom Zustand i in den Zustand j übergegangen ist, so gilt für diese Wahrscheinlichkeit:

$$p(p_{k-1} \rightarrow p_k) = \sum_j \left(\sum_i q(i \rightarrow j) \cdot p_{k,j} \right) = \underline{1}^T \cdot Q \cdot \underline{p}_K \tag{93}$$

und die Gesamtwahrscheinlichkeit aller Übergänge ist

$$P_{Ges} = \prod_{k=1}^{K+1} \underline{1}^T \cdot Q \cdot \underline{p}_k \tag{94}$$

Das Referenzwort, dessen Matrix Q in Glg. (93) die maximale Wahrscheinlichkeit liefert, wird als erkanntes Wort betrachtet. Ähnlich wie beim Viterbi-Algorithmus ist eine Logarithmierung der in Glg. (94) erhaltenen Größen und eine Minimierung der negativen Summe der Einzelfaktoren empfehlenswert.

4.3.3 Vergleich von wahrscheinlichkeitstheoretischem Abstandsmaß und Markov-Modellen

Prinzipiell bestehen zwischen den zwei Verfahren, die zur Auswertung von Lautklassenwahrscheinlichkeiten verwendet wurden, folgende Unterschiede:

- o Der in Abschnitt 4.3.1 untersuchte Ansatz verwendet sowohl bei dem Testwort als auch bei dem Referenzwort die berechnete Folge von Lautklassenwahrscheinlichkeiten zum Vergleich der beiden Wörter, während der Ansatz in Abschnitt 4.3.2 für das Referenzwort ein Markov-Modell verwendet (das jedoch aus den Lautklassenwahrscheinlichkeiten des Referenzwortes berechnet worden ist).
- o Der Markov-Ansatz vergleicht zwei Wörter hauptsächlich mit Hilfe der Übergänge zwischen zwei Zeitfenstern, während der wahrscheinlichkeitstheoretische Ansatz nicht die Wahrscheinlichkeit der Zustandsübergänge verwendet, sondern die Wahrscheinlichkeit der Zustände selbst miteinander vergleicht.
- o Der Markov-Ansatz benötigt keine extra Zeitnormierung mehr, die Zeitnormierung erfolgt automatisch bei der Auswertung, indem z.B. in einem Zustand länger oder kürzer verweilt wird. Der wahrscheinlichkeitsorientierte Ansatz benötigt hingegen eine Zuordnung der einzelnen Zeitfenster von Test- und Referenzsignal. Sie erfolgte in dieser Arbeit mit Hilfe der dynamischen Programmierung auf der Basis des Itakura-Abstandsmaßes, kann jedoch auch mit anderen Zeitnormierungsverfahren erreicht werden.

Bei der Auswertung der Erkennungsergebnisse ergaben sich bei dem Markov-Ansatz einige überraschende Ergebnisse. Es zeigte sich beispielsweise, daß die Anwendung des Forward-Backward-Algorithmus auf das mit Glg. (79) ermittelte Anfangsmodell eher negative als positive Auswirkungen hat. Der Grund liegt darin, daß der FB-Algorithmus bei der betrachteten Art von Modellen - wie in Abschnitt 4.3.2.1 gezeigt - einige Koeffizienten der Matrix Q zu Null macht, während das Anfangsmodell meistens voll besetzt ist. Bei der Auswertung kann dies negative Folgen haben, da dann bei einem Übergang die Wahrscheinlichkeit 0 berechnet werden kann, und so das Gesamtergebnis in jedem Fall zu 0 wird. Probleme mit nicht voll besetzten Markov-Matrizen sind z.B. in /50/ behandelt. Bei der Auswertung der Markov-Modelle ergaben alle drei verwendeten Algorithmen ähnliche, jedoch unterschiedliche Ergebnisse. Am zuverlässigsten kann man insgesamt den Viterbi-Algorithmus bezeichnen. Vergleicht man die Ergebnisse des wahrscheinlichkeitstheoretischen Verfahrens mit denen des Markov-Ansatzes, so läßt sich zunächst auch bei diesem Vergleich die Aussage machen, daß beide Verfahren meistens ähnliche, aber dennoch unterschiedliche Ergebnisse liefern. Eine genaue Aussage, welches Verfahren vorzuziehen ist, ließe sich nur mit Hilfe einer aufwendigen statistischen Untersuchung machen. Die Erfahrungen, die in der vorliegenden Arbeit gemacht wurden, lassen die Vermutung zu, daß der wahrscheinlichkeitstheoretische Ansatz speziell für sprecherunabhängige Erkennung etwas zuverlässiger ist, weil dort die vorher erwähnten Probleme mit den nicht voll besetzten Matrizen nicht auftreten können.

4.4 Zusammenfassung

In Kapitel 4 wurden Verfahren untersucht, wie man Wörter auf der Basis von Merkmalen klassifiziern kann, deren Herleitung in Kapitel 3 dargestellt worden ist. Es wurden zunächst elementare Algorithmen zur Zeitnormierung erläutert und danach Abstandsmaße für LPC-Parameter untersucht. Dabei wurden neuartige, systemtheoretische Ansätze mit herkömmlichen LPC-Abstandsmaßen verglichen und es wurde festgestellt, daß die neuartigen Ansätze zwar funktionsfähig, in ihrer Zuverlässigkeit jedoch den herkömmlichen Abstandsmaßen unterlegen sind. Es wurde gleichzeitig die Erfahrung gemacht, daß LPC-Abstandsmaße bei sprecherunabhängiger Erkennung das richtige Wort in den meisten Fällen unter den besten Kandidaten berechnen und daß zur endgültigen Erkennung eine Nachuntersuchung der besten Kandidaten mit völlig anders gearteten Abstandsmaßen geeignet ist. Diese findet man z.B. bei der Auswertung phonetischer Parameter, die sich auch deshalb anbieten, weil die besten Kandidaten, die aus den LPC-Parametern hervorgehen, meistens phonetisch stark unterschiedlich aufgebaut sind. Zur Auswertung der in Kapitel 3 vorgestellten Lautklassenwahrscheinlichkeiten wurden zwei Verfahren untersucht, ein wahrscheinlichkeitstheoretischer Ansatz und eine stochastische Methode, die auf einer speziellen, lautklassenorientierten Form von Markov-Modellen beruht. Es wurde festgestellt, daß beide Verfahren für die Auswertung von Lautklassenwahrscheinlichkeiten anwendbar sind und durchaus parallel angewendet werden können.

5 Worterkennung mit hybridem Ansatz

Die Erkenntnisse aus den vorangegangenen Kapiteln führen zu einem Worterkennungssystem mit hybridem Ansatz, das sowohl Merkmale und Klassifizierungsalgorithmen verwendet, die ein ganzes Wort beschreiben, als auch lautklassenbasierte Ansätze berücksichtigt und hier als Ausblick für zukünftige Entwicklungen dargestellt werden soll. Das Blockschaltbild eines solchen Systems, das die in den vorangegangenen Kapiteln entwickelten Algorithmen verwendet, ist in Bild 55 zu sehen.

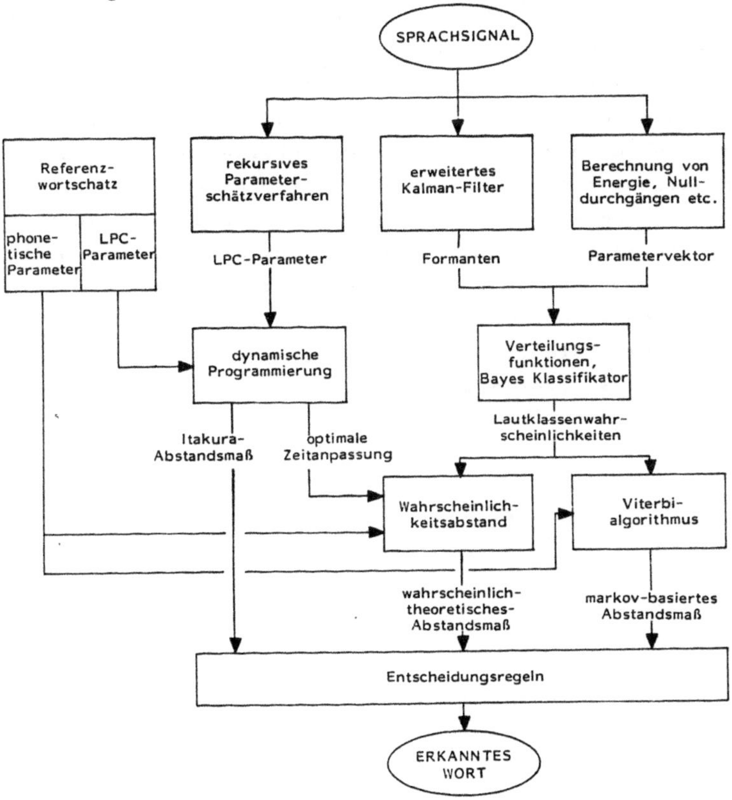

Bild 55: Blockschaltbild eines Worterkennungssystems mit hybridem Ansatz

Die Prozesse zur Merkmalsextraktion können parallel ablaufen, die Berechnung des wahrscheinlichkeitstheoretischen Abstandes ist in dieser Konfiguration abhängig von der Berechnung des optimalen Zeitpfades mit Hilfe der dynamischen Programmierung. Die Entscheidungsregeln können sehr komplex sein, beispielsweise ist eine hierarchische Auswertung möglich, bei der zunächst die besten Kandidaten mit Hilfe des Itakura-Abstandsmaßes gesucht werden, und die Zahl der Kandidaten danach mit Hilfe der phonetischen Abstandsmaße weiter eingeschränkt wird. Denkbar ist auch eine kombinierte Auswertung der drei Abstandsmaße, etwa mit Hilfe einer gewichteten Summe. Welche Möglichkeit die beste ist, ließe sich nur mit Hilfe von umfangreichen statistischen Auswertungen feststellen. Es wäre für ein praktisches System außerdem sinnvoll, noch weitere linguistische Regeln z.B. aus dem Bereich der Phonologie und Syntax mit einzubeziehen, die im Rahmen der vorliegenden Arbeit nicht untersucht wurden. Ein System in der obigen Form wäre bei der sprecherunempfindlichen Einzelworterkennung mit leicht austauschbarem Wortschatz denkbar, da es nicht auf den dort üblich angewendeten Clustering-Algorithmen (/42/) aufbaut, die jedesmal eine umfangreiche statistische Analyse des gesamten neuen Wortschatzes erforderlich machen.

6 Zusammenfassung und Ausblick

In der vorliegenden Arbeit wurden Methoden untersucht, um die Kommunikation zwischen Mensch und Rechner mit Hilfe der automatischen Spracherkennung zu verbessern. Die Probleme der Kommunikation über gesprochene Sprache liegen größtenteils noch in der unzureichenden Leistungsfähigkeit der heute verfügbaren Spracherkennungssyteme. Diese unzureichende Fähigkeit beruht auf der Tatsache, daß die zur Verfügung stehenden Erkennungsalgorithmen noch stark verbesserungsbedürftig sind. In dieser Arbeit wurde der Versuch unternommen, Algorithmen aus dem Bereich der Systemtheorie zur Verbesserung von Spracherkennungsalgorithmen anzuwenden. Dies stellt einen von vielen möglichen Ansätzen dar. Andere denkbare Ansätze wären beispielsweise:

- Anwendung von wissensbasierten Systemen, z.B. phonetischen, phonologischen und syntaktischen Wissensbasen bei der Spracherkennung.
- Weitergehende Erforschung der Hörvorgänge im menschlichen Ohr und der Auswertung im menschlichen Nervensystem und Anwendung dieser Erkenntnisse bei der automatischen Spracherkennung.
- Unterstützung der Spracherkennung durch Verfahren aus dem Bereich von Semantik und Pragmatik.

Es läßt sich feststellen, daß Algorithmen aus dem Bereich der Systemtheorie in der Spracherkennung bei der Merkmalsextraktion und der Klassifizierung bereits zu entscheidenden Erfolgen geführt haben (s. Abschnitt 2.4). In der vorliegenden Arbeit wurde gezeigt, daß die konsequente Anwendung dieser Algorithmen zu weiteren Verbesserungen führt. Insbesondere sind hier der Einsatz von rekursiven Parameterschätzverfahren zur LPC-Parameterbestimmung zu nennen, die Anwendung der Kalman-Filtertechnik zur Formantenbestimmung sowie der Einsatz wahrscheinlichkeitstheoretischer Verfahren zur Ermittlung phonetischer Parameter und deren Auswertung. Als Fazit läßt sich sagen, daß sich der Einsatz von systemtheoretischen Algorithmen im Bereich der Merkmalsextraktion sehr positiv auswirkt, was prinzipiell auch für die Klassifizierung zutrifft. Hier hat sich jedoch gezeigt, daß man trotzdem niemals den Zusammenhang zwischen dem mathematischen Modell und dem zugrundeliegenden phonetischen Ereignis vernachlässigen sollte und daß rein abstrakte, mathematische Vergleiche oft zu schlechteren Ergebnissen führen können.

Die meisten der hier vorgeschlagen neuen Verfahren zur Sprachanalyse lassen sich mit entsprechendem Aufwand auf Signalprozessoren programmieren und somit in funktionsfähige Spracherkennungssysteme integrieren. Dadurch sind viele Ergebnisse dieser Arbeit praktisch verwertbar und können einen Beitrag zur Anwendung der Spracherkennung z.B. in der Fertigungstechnik liefern. Noch wichtiger wird der Beitrag der vorliegenden Arbeit zu dem Bereich der Sprachverarbeitungsgrundlagenforschung angesehen, in dem noch sehr viel Arbeit geleistet werden muß. Dabei sollen die vielen neuen Ansätze - beispielsweise die Kalman-Filter-basierte Formantenberechnung - auch zu Denkanstößen für weiterführende Arbeiten beitragen.

Aufgrund der Komplexität des Forschungsgebietes können die hier untersuchten Ansätze jedoch nur einen relativ kleinen Beitrag zur Verbesserung der automatischen Spracherkennung leisten. Dies wurde schon in Abschnitt 2.4 deutlich gemacht, indem erwähnt wurde, daß die hier betrachteten systemtheoretischen Algorithmen hauptsächlich in den unteren zwei Ebenen des aus drei Ebenen bestehenden Spracherkennungsprozesses (siehe Abschnitt 2.2) wirksam sind. Entscheidende Fortschritte werden in Zukunft durch den verstärkten Einsatz von parallelen Prozessen bei der Merkmalsextraktion und Klassifizierung, deren komplexe mathematische Auswertung und deren phonologische und linguistische Interpretation erwartet. Ein noch stärkeres Zusammenwachsen der digitalen

Signalverarbeitung, Mustererkennung, künstlichen Intelligenzforschung, Phonetik und Linguistik ist dazu erforderlich.

7 Literaturverzeichnis

/1/ Atal, B.S.; Hanauer, S.L.:
Speech Analysis and Synthesis by Linear Prediction of the Speech Wave. J.A.S.A., Vol. 50, No. 2, 1971, S. 637-655

/2/ Atal, B.S.; Rabiner, L.R.:
A Pattern Recognition Approach to Voiced-Unvoiced-Silence Classification with Applications to Speech Recognition. IEEE Trans. ASSP, Vol. ASSP-24, No. 3, 1976, S. 201-212

/3/ Baker, J.K.:
Stochastic Modeling as a Means of Automatic Speech Recognition. Dissertation, Carnegie Mellon University, Computer Science Department, Pittsburgh, USA, 1975

/4/ Baum, L.E.; Petrie, T.:
Statistical inference for probabilistic functions of finite state Markov chains. Ann. Math. Stat., Vol. 37, No. 6, 1966, S. 1554-1563

/5/ Baum, L.E.:
An Inequality and Associated Maximization Technique in Statistical Estimation for Probabilistic Functions of a Markov Process. Inequalities, 3, 1972, S. 1-8

/6/ Bellmann, R.:
Dynamische Programmierung und selbstanpassende Regelprozesse. Oldenbourg Verlag, 1967

/7/ Bullinger, H.-J.; Fähnrich, K.-P.:
Symbiotic Man-Computer Interfaces and the User Assistant Concept. In: Salvendy, G: Human-Computer Interaction, Elsevier Science Publishers, Amsterdam, 1984, S. 17-26

/8/ Church, K.W.:
Phrase-structure parsing: A method for taking advantage of allophonic constraints. Dissertation, Massachusetts Institute of Technology, Cambridge, USA, 1983

/9/ De Mori, R.; Torasso, P.:
Lexical Classification in a Speech Understanding System Using Fuzzy Relations. Proc. IEEE-ICASSP, Philadelphia, USA, 1976, S. 565-568

/10/ De Mori, R.; Laface, P.:
Use of Fuzzy Algorithms for Phonetic and Phonemic Labelling of Continuous Speech. IEEE Trans., Vol. PAMI-2, 1980, S. 136-148

/11/ De Mori, R.:
Computer Models of Speech Using Fuzzy Algorithms. Plenum Press, 1983

/12/ De Mori, R.; Gilloux, M.; Mercier, G.; Simon, M.A.; Tarridec, C.; Vaissiere, J.; Gillet, D.; Gerard, M.:
Integration of Acoustic, Phonetic, Prosodic and Lexical Knowledge in an Expert System for Speech Understanding. Proc. IEEE-ICASSP, San Diego, USA, 1984

/13/ Fähnrich, K.-P.; Hanne, K.-H.; Rigoll, G.:
Maschinelle Sprachverarbeitung: Spracheingabe, Sprachausgabe, Speech-Filing - Neue Wege der Mensch-Maschine-Kommunikation. Proc. Online'84, Berlin, 1984

/14/ Fant, G.:
Acoustic Theory of Speech Production. Mouton Co., Den Haag, 1960

/15/ Flanagan, J. L.:
Speech Analysis, Synthesis and Perception. Springer Verlag, 3. Auflage, 1983

/16/ Forney, G.D.:
The Viterbi-Algorithm. Proc. IEEE, Vol. 61, No. 3, 1973, S. 268-278

/17/ Gelb, A.:
Applied optimal estimation. M.I.T. Press, Cambridge, USA, 1974

/18/ Green, D.J.:
Voice recognition - still a long way to go. Data processing, Vol. 26, No. 5, 1984, S. 13-14

/19/ Holmes, J.N.:
Proceedings of the 1st International Conference on Speech Technology, Brighton, UK, 1984

/20/ Itakura, F.:
Minimum prediction residual principle applied to speech recognition. IEEE Trans. ASSP, Vol. ASSP-23, 1975, S. 67-72

/21/ Isermann, R.:
Prozessidentifikation. Springer Verlag, 1974

/22/ Jelinek, F.; Mercer, R.L.; Bahl, L.R.:
Continuous Speech Recognition: Statistical Methods. Handbook of Statictics, Vol. 2, 1982, S. 549-573, North-Holland Publishing Company

/23/ Jelinek, F.:
A Real-Time, Isolated Word, Speech Recognition System for Dictation Transcription. Proc. IEEE-ICASSP, Tampa, USA, 1985, S. 858-861

/24/ Juang, B.H.; Rabiner, L.R.; Levinson, S.E.; Sondhi, M.M.:
Recent Developments in the Application of Hidden Markov Models to Speaker-Independent Isolated Word Recognition. Proc. IEEE-ICASSP, Tampa, USA, 1985, S. 9-12

/25/ Kämmerer, B.; Küpper, W.; Lagger, H.; Reinfelder, H.-E.; Rüll, H.; Unterberger, H.:
Aufbau eines Systems zur automatischen Erkennung großer Wortschätze. Workshop Sprachverarbeitung, GMD, Bonn, 1982

/26/ Klatt, D.H.:
Review of the ARPA Speech Understanding Project. J.A.S.A., Vol. 62, 1977, S. 1345-1366

/27/ Klatt, D.H.:
Software for a cascade/parallel formant synthesizer. J.A.S.A., Vol. 67, No. 3, 1980, S. 971-995

/28/ Kohonen, T.; Mäkisara, K.; Saramäki, T.:
Phonotopic Maps - Insightful Representation of Phonological Features for Speech Recognition. Proc. 7th IFIP-IEEE Conf. on Pattern Recognition, Montreal, Kanada, 1984, S. 182-185

/29/ Kopec, G.:
Formant Tracking Using Hidden Markov Models. Proc. IEEE-ICASSP, Tampa, USA, 1985, S. 1113-1116

/30/ Krause, A.; Strube, H.W.:
Speaker Independent Word Recognition Based on Parameters Describing the Entire Word. Proc. EUSIPCO, Erlangen, 1983, S. 411-414

/31/ Levinson, S.E.; Rabiner, L.R.; Sondhi, M.M.:
Speaker Independent Isolated Digit Recognition Using Hidden Markov Models. Proc. IEEE-ICASSP, Boston, USA, 1983, S. 1049-1052

/32/ Levinson, S.E.; Rabiner, L.R.; Sondhi, M.M.:
An introduction to the application of the theory of probabilistic functions of a Markov process to automatic speech recognition. Bell Syst. Tech. Jou., Vol. 62, 1983, S. 1035-1074

/33/ Makhoul, J.:
Linear Prediction: A Tutorial Review. Proc. IEEE, Vol. 63, 1975, S. 561-580

/34/ Markel, J.D.; Gray, A.H.:
Linear Prediction of Speech. Springer-Verlag, 1976

/35/ Meisel, W.S.:
Computer Transcription of Natural Speech. Proc. Speech Tech, New York, USA, 1985, S.31-32

/36/ Mermelstein, P.:
Automatic Segmentation of Speech into Syllabic Units. J.A.S.A., Vol. 58, 1975, S. 880-883

/37/ Mizoguchi, R.; Kakusho, O.:
Continuous Speech Recognition Based on Knowledge Engineering Techniques. Proc. 7th IFIP-IEEE Conf. on Pattern Recognition, Montreal, Kanada, 1984, S. 638-640

/38/ Nicholson, R.T.:
Integrating Voice in the Office World. Byte, Dec. 1983, S. 177/184

/39/ Nocerino, N.; Soong, F.K; Rabiner, L.R.; Klatt, D.H.:
Comparative Study of Several Distortion Measures for Speech Recognition. Proc. IEEE-ICASSP, Tampa, USA, 1985, S. 25-28

/40/ Papamichalis, P.; Doddington G.R.:
Time Encoding of LPC Roots. Proc. IEEE-ICASSP, Paris, 1982, S. 589-592

/41/ Rabiner, L.R.; Schafer, R.W.:
Digital Processing of Speech Signals. Prentice Hall, 1978

/42/ Rabiner, L.R.; Levinson, S.E.; Rosenberg, A.E.; Wilpon, J.G.:
Speaker-Independent Recognition of Isolated Words Using Clustering Techniques. IEEE Trans. ASSP, Vol. ASSP-27, 1979, S.336-349

/43/ Rabiner, L.R.; Wilpon, J.G.:
Speaker-Independent Isolated Word Recognition for a Moderate Size (54 Word) Vocabulary. IEEE Trans. ASSP, Vol. ASSP-27, 1979, S. 583-587

/44/ Rabiner, L.R.:
Tutorial on Isolated and Connected Word Recognition. Proc. EUSIPCO, Erlangen, 1983, S. 399-406

/45/ Sakoe, H.; Chiba, S.:
Dynamic Programming Algorithm Optimization for Spoken Word Recognition. IEEE Trans. ASSP, Vol. ASSP-26, No. 1, 1978, S. 43-49

/46/ Sakoe, H.:
Two Level DP-Matching - A Dynamic Programming Based Pattern Matching Algorithm for Connected Word Recognition. IEEE Trans. ASSP, Vol. ASSP-27, No. 6, 1979, S. 588-595

/47/ Sambur, M.R.; Rabiner, L.R.:
A Speaker Independent Digit Recognition System. Bell Sys. Tech. Jou., Vol. 54, 1975, S. 81-102

/48/ Scheurer, H.-G.:
Ein adaptives, explizites Parameterschätzverfahren mit geringem Speicherplatz- und Rechenzeitbedarf. Regelungstechnik, Heft 12, 1975, S. 427-433

/49/ Sickert, K.:
Automatische Spracheingabe und Sprachausgabe. Markt & Technik, 1983

/50/ Sugawara, K.; Nishimura, M.; Toshioka, K.; Okochi, M.; Kaneko, T.:
Isolated Word Recognition Using Hidden Markov Models. Proc. IEEE-ICASSP, Tampa, USA, 1985, S. 1-4

/51/ White, G.M.:
Speech Recognition: An Idea Whose Time is Coming. Byte, Januar 1984, S. 213/222

/52/ Drossel, M.:
Spoken data tracks assembly work. American Machinist, Februar 1982, S. 116-117

/53/ Gentner, R; Reiser, A; Steiner, F.:
Neue Informationstechnologien in der Fertigungsorganisation und Fertigung. AV 18 (1981), Heft 6, S. 181-185

/54/ NEC Electronics (Europe) GmbH:
Product Description, Voice Recognition LSI Set, 1983

/55/ Rehsöft, C.:
Voice Recognition at the Ford Warehouse in Cologne. Proc. 1st Int. Conf. on Speech Technology, Brighton, UK, 1984

/56/ Liporace, L.R.:
Maximum Likelihood Estimation for Multivariate Observations of Markov Sources, IEEE Trans. on Information Theory, Vol. IT-28, 1982, S. 729-734

/57/ Bahl, L.R.; Jelinek, F.; Mercer, R.L.:
A Maximum Likelihood Approach to Continuous Speech Recognition. IEEE Trans. on Pattern Analysis and Machine Intelligence, Vol. PAMI-5, No. 2, 1983

/58/ Bahl, L.R.; Das, S.K.; de Souza, P.V.; Jelinek, F.; Katz, S.; Mercer, R.L; Picheny, M.A.:
Some Experiments with Large Vocabulary Isolated Word Sentence Recognition. Proc. IEEE-ICASSP, San Diego, USA, 1984, S. 26.5.1-26.5.2

/59/ Pitrelli, J.F.:
Recognition of Word-Final Unstressed Syllables. IEEE-ICASSP, Tokio, 1986, S. 2771-2774

/60/ Shichman, G. et al.:
An IBM PC Based Large-Vocabulary Isolated-Utterance Speech Recognizer. Proc. IEEE-ICASSP, Tokio, 1986, S. 53-56

/61/ Glass, J; Zue,V.:
Detection of Nasalized Vowels in American English. Proc. IEEE-ICASSP, Tampa, USA, 1985, S. 1569-1572

/62/ Sondermann J.:
Computer-Spracheingabe: Ein neues Hilfsmittel für die Qualitätsprüfung. Zeitschrift für industrielle Qualitätssicherung (QZ), Heft 11, Nov. 1980, S. 327-362

/63/ Salvendy, G.:
Human-Computer Interaction. Elsvier Science Publishers, 1984

/64/ Mutschler, H.:
Bewertung der Spracheingabe bei einer visuellen Überwachungsaufgabe. Vortrag Fachausschußsitzung "Anthropotechnik" der DGLR, März 1982

/65/ Badre, A; Shneiderman, B.:
Directions in Human Computer Interaction. Ablex Publishing Corp., 1982

IPA Forschung und Praxis

Schriftenreihe aus dem Institut für Produktionstechnik und Automatisierung, Stuttgart

Herausgeber: Prof. Dr.-Ing. H. J. Warnecke

Datenerfassung im Produktionsbereich
Von E. Bendeich. ISBN 3-7830-0117-8
1977, 176 Seiten, kartoniert — 54,— DM

Methodenauswahl für die Materialbewirtschaftung in Maschinenbau-Betrieben
Von H. Graf ISBN 3-7830-0136-6
1977, 144 Seiten, kartoniert. — 54,— DM

Systematische Auswahl von Förderhilfsmitteln für den innerbetrieblichen Materialfluß
Von W Rau ISBN 3-7830-0139-0.
1977, 103 Seiten, kartoniert. — 40,— DM

Grundlagen zur Planung von Ersatzteilfertigungen
Von E Schulz. ISBN 3-7830-0138-2
1977, 98 Seiten, kartoniert — 40,— DM

Rechnerunterstützte Fabrikplanung
Von B. Minten. ISBN 3-7830-0116-1
1977, 124 Seiten, kartoniert. — 38,— DM

Eine Planungsmethode für automatische Montagesysteme
Von H.-G. Lohr ISBN 3-7830-0120-X
1977, 108 Seiten, kartoniert. — 32,— DM

Planung und Bewertung von Arbeitssystemen in der Montage
Von H Metzger ISBN 3-7830-0131-5
1977, 108 Seiten, kartoniert — 40,— DM

Klassifizierungssystem für Prüfmittel der industriellen Längenprüftechnik
Von R Czetto ISBN 3-7830-0144-7
1978, 181 Seiten, kartoniert — 64,— DM

Rechnerunterstützte Montageplanung
Von O Hirschbach. ISBN 3-7830-0149-8
1978, 146 Seiten, kartoniert — 52,— DM

Rechnerunterstützte Entwicklung von Simulationsmodellen für Unternehmensplanspiele
Von A Moker ISBN 3-7830-0147-1
1978, 181 Seiten, kartoniert. — 64,— DM

Arbeitsplatzanalysen zur Ermittlung der Einsatzmöglichkeiten und Anforderungen an Industrieroboter
Von G Herrmann ISBN 37830-0151-X
1978, 113 Seiten, kartoniert — 40,— DM

MFSP — Ein Verfahren zur Simulation komplexer Materialflußsysteme
Von G Stemmer ISBN 3-7830-0118-8
1977, 140 Seiten, kartoniert. — 60,— DM

Berührungslose Erkennung durch Positionsbestimmung von Objekten durch inkohärent-optische Korrelation
Von M Konig. ISBN 3-7830-0137-4
1977, 110 Seiten, kartoniert. — 40,— DM

Auslegung von Störungspuffern in kapitalintensiven Fertigungslinien
Von R v Stetten ISBN 3-7830-0140-4
1977, 154 Seiten, kartoniert. — 56,— DM

Flexible Transportablaufsteuerung
Von G Romer ISBN 3-7830-0114-5.
1977, 188 Seiten, kartoniert. — 60,— DM

Rechnergestützte Realplanung von Fabrikanlagen
Von T-K. Sauter ISBN 3-7830-0119-6
1977, 108 Seiten, kartoniert. — 32,— DM

Systematisches Auswählen und Konzipieren von programmierbaren Handhabungsgeräten
Von R D. Schraft. ISBN 3-7830-0115-3
1977, 108 Seiten, kartoniert. — 32,— DM

Auslandsproduktion
Von W. Cypris ISBN 3-7830-0145-5.
1978, 126 Seiten, kartoniert. — 42,— DM

Wirtschaftlicher Einsatz von Mehrkoordinatenmeßgeräten
Von M Dietzsch. ISBN 3-7830-0148-X.
1978, 142 Seiten, kartoniert. — 52,— DM

Fertigungssteuerung bei flexiblen Arbeitsstrukturen
Von K.-G. Lederer. ISBN 3-7830-0146-3.
1978, 128 Seiten, kartoniert. — 42,— DM

Untersuchungen zum Polieren und Entgraten durch elektrochemisches Oberflächenabtragen
Von K. Zerweck. ISBN 3-7830-0150-1.
1978, 110 Seiten, kartoniert. — 40,— DM

Stufenweise Ableitung eines praktischen Planungssystems für den Entwicklungsbereich
Von R. Hichert. ISBN 3-7830-0149-8.
1978, 151 Seiten, kartoniert. 52,— DM

Produktionsplanung mit Auftragsfamilien
Von U. W. Geitner. ISBN 3-7830-0161.7
1979, 110 Seiten, kartoniert 45,— DM

Thermisch-chemisches Entgraten
Von T. Wagner ISBN 3-7830-0164-1
1979, 111 Seiten, kartoniert. 45,— DM

Untersuchung der Materialflußkosten bei ausgewählten Systemen der Zentralen Arbeitsverteilung
Von R Wenzel ISBN 3-7830-0162-5
1979, 168 Seiten, kartoniert. 86,— DM

Anpassung und Einführung eines Planungssystems für die Ablaufplanung im Konstruktionsbereich
Von W. Dangelmaier. ISBN 3-7830-0163-3
1979, 168 Seiten, kartoniert. 80,— DM

Längenmessungen an bewegten Teilen mit berührungslos wirkenden Aufnehmern
Von H. Lang. ISBN 3-7830-0157-9
1979, 89 Seiten, kartoniert 42,— DM

Untersuchung multistabiler Strömungselemente und ihr Einsatz in sequentiellen Steuerungen
Von A. Ernst. ISBN 3-7830-0157-9
1979, 122 Seiten, kartoniert 48,— DM

Taktile Sensoren für programmierbare Handhabungsgeräte
Von M Schweizer ISBN 3-7830-0158-7
1979, 91 Seiten, kartoniert. 42,— DM

Die rechnerunterstützte Prüfplanung
Von P Blasing. ISBN 3-7830-0152-8
1979, 100 Seiten, kartoniert 44,— DM

Verfahren zur Fabrikplanung im Mensch-Rechner-Dialog am Bildschirm
Von W Ernst. ISBN 3-7830-0156-0.
1979, 218 Seiten, kartoniert 72,— DM

Rechnerunterstütztes Verfahren zur Leistungsabstimmung von Mehrmodell-Montagesystemen
Von M. Gorke ISBN 3-7830-0155-2
1979, 139 Seiten, kartoniert 50,— DM

Standortbezogene Betriebsmittel
Von G. Pflieger ISBN 3-7830-0167-6
1979, 127 Seiten, kartoniert. 52,— DM

Die betriebswirtschaftliche Beurteilung neuer Arbeitsformen
Von B.-H. Zippe ISBN 3-7830-0168-4
1979, 350 Seiten, kartoniert 98,— DM

Untersuchung des Arbeitsverhaltens programmierbarer Handhabungsgeräte
Von B Brodbeck. ISBN 3-7830-0169-2
1979, 117 Seiten, kartoniert 48,— DM

Untersuchung eines kohärent-optischen Verfahrens zur Rauheitsmessung
Von N Rau ISBN 3-7830-0174-9
1979, 117 Seiten, kartoniert 48,— DM

Entwicklung einer programmierbaren, pneumatischen Steuerung
Von D Klemenz ISBN 3-7830-0171-4
1979, 93 Seiten, kartoniert. 42,— DM

ᵖA Forschung und Praxis

erichte aus dem Fraunhofer-Institut für Produktionstechnik und
utomatisierung, Stuttgart, und dem Institut für Industrielle Fertigung
nd Fabrikbetrieb der Universität Stuttgart

Herausgeber: Prof. Dr.-Ing. H. J. Warnecke

Arbeitsgangterminierung mit variabel strukturierten Arbeitsplänen — Ein Beitrag zur Fertigungssteuerung flexibler Fertigungssysteme
Von U. Maier. ISBN 3-540-10213-2
1980, 111 Seiten mit 45 Abbildungen — 43.-- DM

Kapazitätsabgleich bei flexiblen Fertigungssystemen
Von P. S. Nieß. ISBN 3-540-10372-4
1980, 151 Seiten mit 57 Abbildungen — 48.- DM

Schichtdickenverteilung auf galvanisierten Paßteilen am Beispiel kleiner abgesetzter Wellen und Bohrungen
Von D. Wolfhard. ISBN 3-540-10373-2
1980, 177 Seiten mit 83 Abbildungen — 48. DM

Planung von Mehrstellenarbeit unter Berücksichtigung von Umfeldaufgaben
Von S. Haußermann. ISBN 3-540-10374-0
1980, 136 Seiten mit 59 Abbildungen — 48.-- DM

Untersuchungen zur Schmierfilmdicke in Druckluftzylindern — Beurteilung der Abstreifwirkung und des Reibungsverhaltens von Pneumatikdichtungen mit Hilfe eines neu entwickelten Schmierfilmdicken-meßverfahrens
Von R. Kohnlechner. ISBN 3-540-10375-9
1980, 100 Seiten mit 38 Abbildungen und 4 Tabellen — 43.— DM

Typologie zum überbetrieblichen Vergleich von Fertigungssteuerungsverfahren im Maschinenbau
Von G. Rabus. ISBN 3-540-10376-7
1980, 174 Seiten mit 88 Abbildungen und 21 Tafeln — 48.— DM

System zur Planung des Umlaufbestandes in Betrieben mit Serienfertigung
Von K.-G. Wilhelm. ISBN 3-540-10377-5
1980, 142 Seiten mit 67 Abbildungen und 15 Tafeln — 48.— DM

Rechnerunterstützte Arbeitsplanerstellung mit Kleinrechnern, dargestellt am Beispiel der Blechbearbeitung
Von W. Hoheisel. ISBN 3-540-10505-0
1981, 169 Seiten mit 74 Abbildungen — 48.— DM

Beitrag zur Verbesserung der Wirtschaftlichkeit EDV-unterstützter Fertigungssteuerungssysteme durch Schwachstellenanalyse
Von J. Lienert. ISBN 3-540-10506-9
1981, 148 Seiten mit 37 Abbildungen — 48.— DM

7 **Die Abscheidung von Öl an Entlüftungsöffnungen drucklufttechnischer Anlagen**
Von W.-D. Kiessling. ISBN 3-540-10604-9
1981, 117 Seiten mit 48 Abbildungen und 3 Tabellen — 43.— DM

3 **Dynamische Optimierung technisch-ökonomischer Systeme**
Von J. Warschat. ISBN 3-540-10717-7
1981, 132 Seiten mit 60 Abbildungen — 43.— DM

9 **Bildsensor zur Mustererkennung und Positionsmessung bei programmierbaren Handhabungsgeräten**
Von H. Geißelmann. ISBN 3-540-10735-5.
1981, 125 Seiten mit 52 Abbildungen. — 43.— DM

0 **Verfügbarkeitsberechnung für komplexe Fertigungseinrichtungen**
Von Ekkehard Gericke. ISBN 3-540-10779-7
1981, 132 Seiten mit 71 Abbildungen. — 43.— DM

1 **Materialflußgestaltung in Fertigungssystemen**
Von Willi Rößner. ISBN 3-540-10888-2.
1981, 149 Seiten mit 76 Abbildungen. — 48.— DM

2 **Beitrag zur Analyse der Auswirkungen der Mikroelektronik, dargestellt am Beispiel der Büromaschinen-Industrie**
Von Werner Neubauer. ISBN 3-540-10991-9.
1981, 145 Seiten mit 27 Abbildungen und 47 Tabellen. — 43.— DM

3 **Modelle von Informationssystemen zur kurzfristigen Fertigungssteuerung und ihre Gestaltung nach betriebsspezifischen Gesichtspunkten**
Von Roland Gentner. ISBN 3-540-10992-7.
1981, 181 Seiten mit 69 Abbildungen und 7 Tabellen. — 48.— DM

54 **Entwicklung von Verfahren zur Terminplanung und -steuerung bei flexiblen Montagesystemen**
Von Jürgen H. Kolle. ISBN 3-540-11227-8.
1981, 132 Seiten mit 64 Abbildungen und 1 Faltplan — 43.— DM

55 **Arbeits- und Kapazitätsteilung in der Montage**
Von Stefan Dittmayer. ISBN 3-540-11228-6
1981, 124 Seiten und 56 Abbildungen — 43.— DM

56 **Beitrag zur systematischen Planung der Qualitätsprüfung bei Klein- und Mittelserienfertigung**
Von Herbert Babic. ISBN 3-540-11325-8
1982, 108 Seiten mit 38 Abbildungen und 7 Tabellen. — 53.— DM

57 **Methode zur rechnerunterstützten Einsatzplanung von programmierbaren Handhabungsgeräten**
Von Uwe Schmidt-Streier. ISBN 3-540-11355-X.
1982, 188 Seiten mit 72 Abbildungen. 53.–

58 **Werkstoff- und Energiekennwerte industrieller Lackieranlagen, am Beispiel der Automobilindustrie**
Von Rainer Manfred Thiel. ISBN 3-540-11356-8.
1982, 116 Seiten mit 59 Abbildungen. 53.–

59 **Maßnahmen zum Verbessern der pneumatischen Lackzerstäubung – Teilchengrößenbestimmung im Spritzstrahl –**
Von Klaus Werner Thomer. ISBN 3-540-11507-2.
1982, 162 Seiten mit 94 Abbildungen und 1 Tabelle. 53.–

60 **Ermittlung und Bewertung von Rationalisierungsmaßnahmen im Produktionsbereich**
Von Jürgen Schilde. ISBN 3-540-11730-X.
1982, 158 Seiten mit 57 Abbildungen. 53.–

61 **Untersuchung von Verfahren der Reihenfolgeplanung und ihre Anwendung bei Fertigungszellen**
Von Mohamed Osman. ISBN 3-540-11747-4.
1982, 124 Seiten mit 32 Abbildungen und 3 Tabellen. 53.–

62 **Ein Simulationsmodell zur Planung gruppentechnologischer Fertigungszellen**
Von Volker Saak. ISBN 3-540-11747-4.
1982, 134 Seiten mit 53 Abbildungen. 53.–

63 **Verfahren zur technischen Investitionsplanung automatisierter Fertigungsanlagen**
Von Günter Vettin. ISBN 3-540-11747-4.
1982, 134 Seiten mit 63 Abbildungen. 53.–

64 **Pneumatische Sensoren zur prozeßsimultanen Messung des Werkzeugverschleißes und zur Kollisionsvermeidung beim Messerkopffräsen**
Von Wolfgang Jentner. ISBN 3-540-11747-4.
1982, 126 Seiten mit 47 Abbildungen und 6 Tabellen. 53.–

65 **Rechnerunterstützte Gestaltung ortsgebundener Montagearbeitsplätze, dargestellt am Beispiel kleinvolumiger Produkte**
Von Eberhard Haller. ISBN 3-540-12015-7.
1982, 130 Seiten mit 43 Abbildungen. 53.–

66 **Fernsehüberwachung von Schutzgasschweißvorgängen mit abschmelzender Elektrode MIG – MAG**
Von Ruprecht Niepold. ISBN 3-540-12181-7.
1983, 178 Seiten mit 73 Abbildungen und 5 Tabellen. 58.– D

67 **Entwicklung flexibler Ordnungssysteme für die Automatisierung der Werkstückhandhabung in der Klein- und Mittelserienfertigung**
Von Karl Weiss. ISBN 3-540-12455-1.
1983, 116 Seiten mit 68 Abbildungen. 58.– D

68 **Automatisierte Überwachungsverfahren für Fertigungseinrichtungen mit speicherprogrammierten Steuerungen**
Von Werner Eißler. ISBN 3-540-12456-X.
1983, 128 Seiten mit 66 Abbildungen. 58.– D

69 **Prozeßüberwachung beim Galvanoformen**
Von Jürgen Wilhelm Böcker. ISBN 3-540-12457-8.
1983, 118 Seiten mit 32 Abbildungen. 58.– D

70 **LAPEX – Ein rechnerunterstütztes Verfahren zur Betriebsmittelzuordnung**
Von Stephan Mayer. ISBN 3-540-12490-X.
1983, 162 Seiten mit 34 Abbildungen und 2 Tabellen. 58.– D

71 **Gestaltung eines integrierten Produktionssystems für die Sortenfertigung unter Einsatz der Clusteranalyse**
Von Gerald Weber. ISBN 3-540-12650-3.
1983, 194 Seiten mit 54 Abbildungen. 58.– D

72 **Gußputzen mit sensorgeführten, programmierbaren Handhabungsgeräten**
Von Eberhard Abele. ISBN 3-540-12651-1.
1983, 133 Seiten mit 66 Abbildungen. 58,– D

73 **Untersuchungen zur Herstellung und zum Einsatz galvanogeformter Erodierelektroden**
Von Harald Müller. ISBN 3-540-12822-0.
1983, 148 Seiten mit 78 Abbildungen. 58,– D

74 **Ein Beitrag zur Optimierung der Prozeßführungsstrategien automatisierter Förder- und Materialflußsysteme**
Von Hans Steffens. ISBN 3-540-12968-5.
1983. 161 Seiten mit 60 Abbildungen. 58,– D

75 **Entwicklung eines Verfahrens zur wertmäßigen Bestimmung der Produktivität und Wirtschaftlichkeit von Personalentwicklungsmaßnahmen in Arbeitsstrukturen**
Von Christian Müller. ISBN 3-540-13041-1.
1983. 129 Seiten mit 34 Abbildungen. 58,– D

76 **Berechnung der Gestaltänderung von Profilen infolge Strahlverschleiß**
Von Wolfgang Marx. ISBN 3-540-13054-3.
1983. 121 Seiten mit 58 Abbildungen. 58,– D

77 **Algorithmen zur flexiblen Gestaltung der kurzfristigen Fertigungssteuerung**
Von Rudolf E. Scheiber. ISBN 3-540-13500-6.
1984, 150 Seiten mit 73 Abbildungen und 1 Tabelle. 63.– D

78 **Galvanisieren mit moduliertem Strom**
Von Jürgen Wolfgang Mann. ISBN 3-540-13733-5.
1984, 145 Seiten und 58 Abbildungen. 63,– D

79 **Fluoreszenzmeßverfahren zur Schmierfilmdickenmessung in Wälzlagern**
Von Wolfgang Schmutz. ISBN 3-540-13777-7.
1984, 141 Seiten und 66 Abbildungen. 63,– D

A-IAO Forschung und Praxis

richte aus dem Fraunhofer-Institut für Produktionstechnik und tomatisierung (IPA), Stuttgart, Fraunhofer-Institut für Arbeitswirtschaft d Organisation (IAO), Stuttgart, und Institut für Industrielle Fertigung d Fabrikbetrieb der Universität Stuttgart

Herausgeber: Prof. Dr.-Ing. H. J. Warnecke und Prof. Dr.-Ing. H.-J. Bullinger

Flexibilität und Kapazität von Werkstückspeichersystemen
Von Bernhard Graf. ISBN 3-540-13970-2.
1984, 115 Seiten mit 71 Abbildungen. 63,– DM

Flexible Fertigungssysteme
17. IPA-Arbeitstagung zusammen mit der 3. Internationalen Konferenz „Flexible Manufacturing Systems (FMS-3)", ISBN 3-540-13807-2.
1984, 249 Seiten mit zahlreichen Abbildungen. 118,– DM

Integrierte Bürosysteme
3. IAO-Arbeitstagung. ISBN 3-540-13978-8.
1984, 633 Seiten mit zahlreichen Abbildungen. 168,– DM

Rechnerunterstützte Planung von Montageablaufstrukturen für Erzeugnisse der Serienfertigung
Von Ernst-Dieter Ammer. ISBN 3-540-15056-0.
1985, 120 Seiten mit 1 Faltblatt und 33 Abbildungen. 63,– DM

Flexibilität von personalintensiven Montagesystemen bei Serienfertigung
Von Heinrich Vähning. ISBN 3-540-15093-5.
1985, 152 Seiten mit 49 Abbildungen. 63,– DM

Ordnen von Werkstücken mit programmierbaren Handhabungsgeräten und Werkstückerkennungssensoren
Von Ingo Schmidt. ISBN 3-540-15375-6.
1985, 111 Seiten mit 66 Abbildungen. 63,– DM

Systematische Investitionsplanung
Von Jorge Moser. ISBN 3-540-15370-5.
1985, 190 Seiten mit 69 Abbildungen. 63,– DM

Montage · Handhabung · Industrieroboter
Internationaler MHI-Kongreß im Rahmen der Hannover-Messe '85. ISBN 3-540-15500-7.
1985, 267 Seiten mit zahlreichen Abbildungen. 128,– DM

Flexible Montagesysteme – Konzeption und Feinplanung durch Kombination von Elementen
Von Peter Konold / Bernd Weller. ISBN 3-540-15606-2.
1985, 162 Seiten mit 71 Abbildungen und 9 Tabellen. 63,– DM

Menschen · Arbeit · Neue Technologien
4. IAO-Arbeitstagung zusammen mit der 2. Internationalen Konferenz „Human Factors in Manufacturing". ISBN 3-540-15763-8.
1985, 442 Seiten mit zahlreichen Abbildungen. 168,– DM

Leitstandunterstützte kurzfristige Fertigungssteuerung bei Einzel- und Kleinserienfertigung
Von Lothar Aldinger. ISBN 3-540-15903-7.
1985, 151 Seiten mit 49 Abbildungen und 2 Tabellen. 63,– DM

Bestimmen des Bürstenverhaltens anhand einer Einzelborste
Von Klaus Przyklenk. ISBN 3-540-15956-8.
1985, 117 Seiten mit 74 Abbildungen. 63,– DM

Montage großvolumiger Produkte mit Industrierobotern
Von Jörg Walther. ISBN 3-540-16027-2.
1985, 125 Seiten mit 58 Abbildungen. 63,– DM

Algorithmen und Verfahren zur Erstellung innerbetrieblicher Anordnungspläne
Von Wilhelm Dangelmaier. ISBN 3-540-16144-9.
1986, 268 Seiten mit 79 Abbildungen. 68,– DM

Bewertung der Instandhaltung von Fertigungssystemen in der technischen Investitionsplanung
Von Hagen U. Uetz. ISBN 3-540-16166-X.
1986, 129 Seiten mit 38 Abbildungen. 68,– DM

Entgraten durch Hochdruckwasserstrahlen
Von Manfred Schlatter. ISBN 3-540-16172-4.
1986, 167 Seiten mit 89 Abbildungen und 18 Tabellen. 68,– DM

Werkstückorientierte Verfahrensauswahl zum Gußputzen mit Industrierobotern
Von Wolfgang Sturz. ISBN 3-540-16224-0.
1986, 156 Seiten mit 59 Abbildungen. 68,– DM

Verfahren zur Verringerung von Modell-Mix-Verlusten in Fließmontagen
Von Reinhard Koether. ISBN 3-540-16499-5.
1986, 175 Seiten mit 46 Abbildungen und 1 Tabelle. 68,– DM

e Bände sind im Erscheinungsjahr und in den folgenden drei Kalenderjahren zu beziehen durch den tlichen Buchhandel oder durch Lange & Springer, Heidelberger Platz 3, D-1000 Berlin 33.

94 **Entwicklung und Einsatz eines interaktiven Verfahrens zur Leistungsabstimmung von Montagesystemen**
Von Günter Schad. ISBN 3-540-16978-4.
1986, 120 Seiten mit 31 Abbildungen und 1 Tabelle. 68,–

95 **Qualifizierung an Industrierobotern**
Von Wolfgang Bachl. ISBN 3-540-17018-9.
1986, 218 Seiten mit 30 Abbildungen. 68,–

96 **Rechnersimulation des Beschichtungsprozesses beim Elektrotauchlackieren – Anwendung zum Berechnen des Umgriffs**
Von Otto Baumgärtner. ISBN 3-540-17102-9.
1986, 113 Seiten mit 42 Abbildungen. 68,–

97 **Ergonomische Gestaltung von Rotationsstellteilen für grob- und sensomotorische Tätigkeiten**
Von Werner F. Muntzinger. ISBN 3-540-17247-5.
1986, 135 Seiten mit 51 Abbildungen und 33 Tabellen. 68,–

98 **Die optische Rauheitsmessung in der Qualitätstechnik**
Von R.-J. Ahlers. ISBN 3-540-17242-4.
1986, 133 Seiten mit 56 Abbildungen und 2 Tabellen. 68,–

99 **Maschinelle Spracherkennung zur Verbesserung der Mensch-Maschine-Schnittstelle**
Von Gerhard Rigoll. ISBN 3-540-17350-1.
1986, 134 Seiten mit 55 Abbildungen. 68,–

GPSR Compliance

The European Union's (EU) General Product Safety Regulation (GPSR) is a set of rules that requires consumer products to be safe and our obligations to ensure this.

If you have any concerns about our products, you can contact us on ProductSafety@springernature.com

In case Publisher is established outside the EU, the EU authorized representative is:

Springer Nature Customer Service Center GmbH
Europaplatz 3
69115 Heidelberg, Germany

Batch number: 10844639

Printed by Printforce, the Netherlands